O Cântico dos Cânticos

Dados Internacionais de Catalogação na Publicação (CIP)
(Câmara Brasileira do Livro, SP, Brasil)

Leloup, Jean-Yves
  O Cântico dos Cânticos : a sabedoria do amor :
(nova tradução e interpretação) / Jean-Yves Leloup ;
tradução de Karin Andrea de Guise. – Petrópolis, RJ :
Vozes, 2019.
  Título original : Le Cantique des Cantiques : la
sagesse de l'amour : nouvelle traduction et interprétation
  Bibliografia.
  ISBN 978-85-326-6027-5
  1. Bíblia. A.T. Cântico dos Cânticos – Comentários
I. Título.

18-23021   CDD-223.907

Índices para catálogo sistemático:
1. Cântico dos Cânticos : Livros poéticos : Bíblia :
   comentários   223.907

Cibele Maria Dias – Bibliotecária – CRB-8/9427

JEAN-YVES
LELOUP

O
Cântico
DOS
Cânticos

[A SABEDORIA DO AMOR]

NOVA TRADUÇÃO E INTERPRETAÇÃO

Tradução de
Karin Andrea de Guise

EDITORA
VOZES

Petrópolis

© Presses du Châtelet, 2017

Título do original em francês: *Le cantique des cantiques – La Sagesse de l'Amour*

Direitos de publicação em língua portuguesa – Brasil:
2019, Editora Vozes Ltda.
Rua Frei Luís, 100
25689-900 Petrópolis, RJ
www.vozes.com.br
Brasil

Todos os direitos reservados. Nenhuma parte desta obra poderá ser reproduzida ou transmitida por qualquer forma e/ou quaisquer meios (eletrônico ou mecânico, incluindo fotocópia e gravação) ou arquivada em qualquer sistema ou banco de dados sem permissão escrita da editora.

CONSELHO EDITORIAL

Diretor
Gilberto Gonçalves Garcia

Editores
Aline dos Santos Carneiro
Edrian Josué Pasini
Marilac Loraine Oleniki
Welder Lancieri Marchini

Conselheiros
Francisco Morás
Ludovico Garmus
Teobaldo Heidemann
Volney J. Berkenbrock

Secretário executivo
João Batista Kreuch

Editoração: Maria da Conceição B. de Sousa
Diagramação: Sheilandre Desenv. Gráfico
Revisão gráfica: Alessandra Karl
Capa: Rafael Nicolaevsky

ISBN 978-85-326-6027-5 (Brasil)
ISBN 978-2-84592-702-5 (França)

Editado conforme o novo acordo ortográfico.

Este livro foi composto e impresso pela Editora Vozes Ltda.

Sumário

Introdução, 7

I – O Cântico dos Cânticos – Tradução, 13
Canto I, 13
Canto II, 15
Canto III, 17
Canto IV, 19
Canto V, 22
Canto VI, 25
Canto VII, 26
Canto VIII, 29

II – Interpretações, 33
1 A sabedoria do amor, 33
2 Sobre uma leitura "carnal" do Cântico dos Cânticos, 36
3 Canto I, 39
4 Canto II, 78
5 Canto III, 114
6 Canto IV, 127
7 Canto V, 145
8 Canto VI, 167
9 Canto VII, 182
10 Canto VIII, 196
Glossário, 227

Introdução

O Cântico dos Cânticos é um longo poema composto por 117 versículos[1]. Ele faz parte dos *Ketuvim*, ou seja, dos escritos da sabedoria (Salmos, Provérbios, Jó, Rute, Lamentações, Eclesiastes, Ester, Daniel, Neemias etc.) que, dando sequência à Torá e aos Profetas, constituem a Bíblia.

Rabi Akiba declarou que se todos os livros da Bíblia são santos, o Cântico dos Cânticos o é duplamente; mas como tudo aquilo que é santo (segundo a própria etimologia da palavra, "santo" = separado), o Cântico continua sendo um texto de difícil acesso. Assim como a sarça ardente, não é possível abordá-lo sem primeiro tirar "suas sandálias de pele", ou seja, sem mudar seu olhar e sua atitude, pois nessa sarça de palavras exóticas queima um fogo tanto singular quanto universal...

Uma antiga tradição de Israel ensina que no Sinai Deus falou uma vez, mas os 600 mil ouvintes – ao pé da montanha – escutaram 600 mil discursos!

Um outro princípio da exegese hebraica afirma que cada versículo bíblico tem 70 sentidos diferentes... Isso é particularmente verdadeiro em se tratando do Cântico dos Cânticos. Poderíamos escrever um enorme volume sobre a história dos seus comentários, pois poucos livros foram mais lidos, traduzidos e comentados.

---

1. Segundo André Chouraqui, a divisão em oito capítulos seria bastante tardia (cf. *Le cantique des cantiques suivi des Psaumes* [traduzidos e apresentados por André Chouraqui. PUF, 1970]).

O *Targum*, o *Midrash*, os textos rabínicos, dos antigos aos mais modernos, não veem no Cântico nada mais do que uma exposição da história de Israel em seus três grandes atos: (1) a saída do Egito e o período bíblico até a destruição do Templo, (2) o exílio e, enfim, (3) a redenção messiânica.

Para o Zohar (II, 144a), o Cântico dos Cânticos constitui o resumo de toda a Bíblia e de toda a obra da criação, o resumo do mistério dos patriarcas, da escravidão no Egito e da libertação de Israel; é o Cântico entoado no momento da passagem do Mar Vermelho; ele é o resumo do Decálogo e da Teofania do Sinai, de tudo aquilo que se passou em Israel durante sua estadia no deserto até sua entrada na Terra Prometida e a construção do Templo.

Ele é a síntese do mistério do Nome sagrado do Altíssimo; ele é a síntese da dispersão de Israel entre as nações e a sua libertação. Ele é a síntese da ressurreição dos mortos e dos acontecimentos que se produziram até o dia chamado de "o *Shabat* do Senhor".

O Cântico dos Cânticos contém tudo aquilo que é, foi e será. Todos os acontecimentos que se passarão no sétimo milênio – que constituem o *Shabat* do Senhor – estão resumidos no Cântico. É por essa razão que a tradição nos diz que, quando um homem se serve de um versículo do Cântico como se este fosse uma canção profana, a Escritura se queixa a Deus como se estivesse fazendo uma advertência!

A palavra *shir*, "cântico", designa o número "um"; *shirim*, "cânticos", significa "dois", o que faz três... É o mistério do cálice da bênção que deve ser segurado com a mão direita e em seguida passado à mão esquerda.

O Cântico dos Cânticos forma a coroa do Rei da Paz. Ali encontramos o mistério mais sublime do Infinito (*Ain Soph*) e do carro sagrado (*Merkaba*). Ao unir o Rei Davi aos patriarcas, obtemos o número quatro, que é o número do mistério do carro sagrado do Altíssimo... "É o mistério de toda a fé e a síntese do carro da paz que conhece a si mesmo, mas que não é conhecido por ninguém e que nada pode concebê-lo."

A exegese cristã interpretará o Cântico dos Cânticos à luz da revelação particular recebida na vida e nas palavras de Jesus de Nazaré. A união do Bem-amado e da Bem-amada simbolizará a união do Cristo e da Igreja, ou ainda, para místicos como São João da Cruz ou Tereza d'Ávila: a união da alma e do seu Deus.

Mais recentemente (particularmente no século XIX), foram dadas interpretações mais naturalistas do Cântico, nas quais a psicologia tem a primazia sobre os números da mística. A alusão aos seios e às coxas da bem-amada bastam para fazer dele um poema puramente erótico: "[...] nada mais do que a paixão de um pastor e de uma pastora"[2].

Eu vejo o mundo como "eu sou", dizia Paul Éluard. Cada um lê o Cântico de maneira única; a intensidade da luz que dele recebe depende da capacidade e da abertura do seu olhar.

No entanto, como um quadro de Chagall, essas diferentes interpretações se completam mais do que se contradizem; podemos virá-las em todas as direções, pois todas as direções são verdadeiras. Cada uma traz o seu olhar para que haja maior clareza. A confusão começa quando uma interpretação afirma ser "a única aceitável". Então, os 600 mil cantos se tornam 600 mil discursos. Nós não nos ouvimos mais.

A palavra que era, antes de tudo, louvor, torna-se argumento e polêmica, antes de cair em letras mortas. A Escritura não é a palavra ouvida pelo poeta. Ela é apenas o seu eco... Por vezes o eco é rico, como no Cântico, mas não passa de um eco.

---

2. Para mais informações sobre o Cântico, sua composição e suas interpretações, cf. CHOURAQUI, A. Op. cit. • VULLIAUD, P. *Le cantique des cantiques d'après la tradition juive.* Paris: PUF, 1925. • *Le Cantique des Cantiques* [tradução e comentários de André Robert e Raymond Tournay. J. Gabalda et al., 1963. A bibliografia desse livro, apesar de parcial, não comporta menos do que 250 títulos].

Devemos conhecer os limites do poema; ele está longe do beijo. A Escritura mantém-se ali, em lembrança do Sopro, testemunha do Alento. Aquilo que fez o Cântico nascer permanece intraduzível. E, no entanto, é para lá que devemos voltar. Com a ajuda dessas pobres palavras, desses poucos ritmos, podemos procurar reencontrar a experiência do profeta, do poeta; seu amor, sua dilaceração, sua alegria... E, para isso, não basta um pouco de intuição e muitos dicionários. Da mesma maneira que "o Credo pertence apenas àqueles que o viveram" (Filareto de Moscou), o Cântico só é compreensível àqueles que o vivem.

"Conhecer", no sentido bíblico, é "fazer apenas um com..." "Adão conheceu Eva, sua mulher...", ou ainda, como dizia Claudel: "Co-nascer"[3], nascer-viver com...

"Aquele que não viveu um grande amor não 'conhece nada de Deus', pois 'Deus é Amor' (1Jo 4,7-8). Aquele que não viveu um grande amor, que inteligência poderá ter do Cântico? O que ele poderá compreender da Bíblia, essa história de amor entre um Deus ciumento e um povo infiel? O que ele poderá compreender do Cristo, esse homem que o Amor esquartejou e ressuscitou?

Sem dúvida, é preciso ter sido ferido pelo amor para estar à altura de traduzir o Cântico e encontrar as palavras que vêm do coração e das suas feridas. Mas será preciso pintar, com os olhos fechados, aquilo que vemos no Invisível? Como dizer aquilo que escutamos no leve Sopro? Haverá sempre uma fidelidade a cores e a palavras que não inventamos.

Ser fiel ao Cântico é, primeiro, ser fiel ao contexto no qual ele foi composto: ao paganismo do antigo Oriente e à língua na qual

---

3. Jogo de palavras intraduzível para o português: dentro da palavra *"connaître"* (*"conhecer"*) temos a palavra *"naître"* (nascer), daí a observação do autor: para *"connaître"* (*"conhecer"*) seria necessário *"co-naître"* (*"nascer com"*) [N.T.].

ele foi escrito: o hebraico. As línguas semíticas, feitas de imagens, transmitem sobretudo "visões", sequências de imagens. Uma língua tão exata quanto o francês, por exemplo, tem bastante dificuldade em representá-las. Traduzir o Cântico dos Cânticos para uma língua ocidental, latina, é como colocar um garanhão selvagem em um estábulo; um "estábulo modelo", sem dúvida, mas, oh! como é estreito! No entanto, é preciso ousar. O pássaro de fogo, com a graça do vento, mesmo fechado em sua gaiola, nos oferecerá um pouco do seu canto...

Trata-se aqui de uma "tentativa de tradução", ou seja, "tentamos" nos aproximar desse cavalo selvagem sem domesticá-lo demais (isso faria com que ele perdesse sua natureza) nem tampouco deixar-lhe liberdade em demasia (coices demais nas línguas francesa e portuguesa, hebraísmos demais, tornariam o texto ilegível). Estamos dizendo que a nossa tradução se situará entre a "legibilidade" muito pouco poética das traduções da Bíblia de Jerusalém e da TEB e da preciosidade hebraizante de André Chouraqui. Mas não há tradução "exata", assim como não existe tradução "autorizada". Cada um aborda o texto com seu temor e seu deslumbramento, sua ciência e seu desejo... Quanto mais avançamos em profundidade no Cântico, mais a sua luz se torna obscura... Pois o Amor não é fácil. Ele não se entrega ao primeiro olhar, não é possível narrá-lo. Ele nos faz sair dos caminhos conhecidos, das mais elevadas imagens, as mais inesperadas. Só estão ali para nos deixar sem fôlego, para mudar nosso coração.

Quanto mais lemos o Cântico, menos encontramos seu sentido e mais encontramos seu "charme"[4]. Talvez a verdade, quando indissociável do amor, seja este "charme" no sentido "mágico" do termo: alguma coisa que nos faz vibrar a uma outra realidade, no próprio coração das nossas realidades mais quotidianas.

---

4. Charme, do latim *carmen*, quer dizer ao mesmo tempo "canto" e "enfeitiçamento".

O corpo da mulher ou a terra de Israel, frequentemente interpretados como objeto dos símbolos, revelam-se também como caminhos, sinais, e é preciso caminhar mais longe... A palavra apaga-se no sentido, e o próprio sentido deve ceder lugar a um canto puro...

I
O Cântico dos Cânticos
Tradução

Canto I

1. Cântico dos Cânticos de Salomão.
2. Ele me beijará com os beijos da sua boca. Seu abraço me arrebatará e me conduzirá mais alto do que o vinho.
3. Teus perfumes, teus óleos, teu Nome.
Belezas que jorram,
e fazem as jovens estremecer.
4. Leva-me, corramos!
O Rei me conduz aos seus aposentos,
ao seu quarto,
rumo a júbilos, à alegria...
Como é justo e perfeito amar,
a embriaguez do amor
é mais sensata,
mais doce do que o vinho.
5. A noite me feriu.
Sou negra, no entanto, sou bela, filhas de Jerusalém,
como as tendas de Quedar,
como os véus de Salma.
6. Não vos inquieteis de minha
tez trigueira,
é o sol...

Os filhos da minha mãe me expulsaram.
Eles fizeram de mim
guardiã das vinhas.
A minha vinha,
eu não a guardei.
7. Dize-me, tu que meu coração ama,
onde levarás teu rebanho a pastorear,
onde será teu repouso na hora do meio-dia,
para que eu não tenha que me cobrir
à aproximação dos teus companheiros?
8. Se tu a ignorares, a bela entre
as mulheres:
sai,
escuta os sinais,
conduz tuas cabras
rumo à granja dos pastores.
9. Minha Bem-amada,
égua atrelada ao carro do faraó.
10. Tuas faces...
Beleza entre os cachos dos teus cabelos,
teu pescoço envolto em colares...
11. Nós faremos para ti
pérolas de ouro, incrustadas de prata.
12. Em presença do Rei,
meu nardo exala o seu perfume.
13. Meu Bem-amado é
um buquê de mirra.
Ele dorme entre meus seios...
14. Meu Bem-amado é um
ramalhete de hena,
nas vinhas de En-Gedi.

15. Ei-la aqui!
Tu és bela, minha amiga,
como tu és bela!
Teus olhos são como pombas.
16. Ei-lo aqui!
Tu és belo, meu amor,
como tu és belo,
e doce também!
17. De cedro são os pilares da nossa casa...
De cipreste, nossas varandas...
De folhas, o nosso leito...

Canto II

1. Eu sou a rosa de Saron,
o lírio dos vales.
2. Qual o lírio entre os espinhos,
tal é a minha Bem-amada
entre as mulheres.
3. Qual uma macieira
entre as árvores,
tal é o meu Bem-amado
entre os homens.
À sua sombra,
em desejo me sentei.
Seu fruto é doce ao meu paladar.
4. Ele conduziu-me à casa do vinho.
Seu estandarte sobre mim
é o amor.
5. Sustentai-me com bolos de passas.
Reanimai-me com maçãs,
pois desfaleço de amor!

6. Seu braço esquerdo sob minha cabeça,
sua direita me abraça.
7. Eu vos conjuro,
filhas de Jerusalém...
Pelas gazelas,
pelas corças dos campos,
não acordeis,
não desperteis o meu amor
antes da hora do seu desejo!
8. Ouço meu Bem-amado.
Ei-lo aqui. Ele chega
saltando sobre os montes,
dançando sobre as colinas.
9. Meu Bem-amado:
um gamo,
um jovem cervo.
Ei-lo aqui,
atrás do nosso muro,
espreitando pela janela,
espiando pelas treliças.
10. Meu Bem-amado eleva a voz.
Ele me responde:
Levanta-te, minha amiga, minha bela;
vai para ti mesma!
11. Pois eis que o inverno passou,
as chuvas secaram.
12. As flores se mostram à terra...
É chegada a estação do canto!
O arrulhar da rolinha
se faz escutar.
13. A figueira forma seus primeiros frutos.
As vinhas em flor exalam
seu perfume.

Levanta-te, minha amiga, minha bela,
e vai para ti mesma!
14. Pomba minha,
escondida nas fendas do rochedo,
nos desvios das pedras,
mostra-me a tua face!
Faze-me ouvir a tua voz,
pois a tua voz é doce
e esplêndida a tua aparência.
15. Apanhai as raposas,
as raposinhas,
devastadoras das vinhas...
pois nossas vinhas estão em flor.
16. Meu amado é para mim,
e eu para ele,
o pastor das rosas.
17. Antes que venha o sopro do vento,
refrescando o dia,
e fazendo as sombras saírem em fuga.
Volta-te,
faze-te semelhante, meu Bem-amado,
às gazelas, aos jovens cervos
sobre as montanhas da Aliança!

Canto III

1. Em minha cama, à noite,
busquei aquele que meu coração ama.
Eu o busquei,
mas não o encontrei.
2. Eu me levantarei
e percorrerei a cidade.

Nas ruas e nos mercados,
buscarei aquele que meu coração ama.
Eu o busquei,
mas não o encontrei.
3. Os guardas que rondam
pela cidade, acharam-me.
"Vistes aquele que meu coração ama?"
4. Mal os deixara
quando encontrei aquele que meu coração ama.
Agarrei-me a ele,
e não mais o largarei.
Eu o farei entrar
na casa da minha mãe,
no quarto
daquela que me concebeu.
5. Eu vos conjuro,
filhas de Jerusalém,
pelas gazelas,
pelas corças dos campos...
Não acordeis,
não desperteis o meu amor
antes da hora do seu desejo!
6. Quem é esta
que sobe do deserto,
como colunas de fumaça,
vapor de mirra e de incenso,
todos os perfumes exóticos?
7. Eis o leito de Salomão!
Sessenta heróis o circundam,
os heróis de Israel.

8. Todos com espada na cinta,
iniciados na guerra;
cada um traz seu gládio sobre a coxa,
prontos para os embates da noite.
9. O Rei Salomão
mandou fazer para si um trono
de madeira do Líbano.
10. As colunas são de prata,
o baldaquim de ouro,
o assento de púrpura.
11. Vinde contemplar
o Rei Salomão
portando o diadema
com o qual sua mãe o coroou,
no dia das suas núpcias,
no dia da alegria do seu coração.

Canto IV

1. Como tu és bela, minha Bem-amada,
como tu és bela!
Teus olhos são como pombas
sob teu véu.
Teus cabelos
são como um rebanho de cabras
ondulando sobre os declives de Galaad.
2. Teus dentes
são como um rebanho de ovelhas
que sobem do bebedouro
de duas em duas, nenhuma solitária.
3. Teus lábios
são como um fio escarlate.

Esperamos tuas palavras.
Tuas faces
são metades de uma romã
sob teu véu.
4. Como a torre de Davi,
teu pescoço
foi edificado para os troféus;
mil escudos ali estão suspensos,
todos são aljavas de heróis.
5. Teus seios...
como dois gamos,
gêmeos de uma gazela
que apascentam entre os lírios.
6. Até que sopre o dia
e escondam-se as sombras.
Eu irei à montanha da mirra,
rumo à colina do incenso.
7. Tu és bela, minha Bem-amada,
sem nenhuma mácula!
8. Vem do Líbano, minha noiva,
vem do Líbano!
Inclina teus olhares
dos cumes de Amana,
dos cumes de Senir e de Hermom,
covil de leões,
montanha dos leopardos.
9. Tu me fazes perder os sentidos,
minha irmã, minha noiva!
Tu me preenches o coração
com um único olhar teu,
com uma única pérola do teu colar.
10. Como são doces os teus abraços,
minha noiva, minha irmã!

Melhores do que o vinho;
o vapor dos teus óleos,
são mais fortes do que todos os aromas.

11. Teus lábios, minha noiva,
o mel e o leite estão sob tua língua,
o cheiro dos teus vestidos
é como o cheiro do Líbano.

12. Ela é um jardim bem fechado,
minha irmã, minha noiva!
Um jardim bem fechado,
uma fonte selada.

13. Teu êxtase
é um paraíso de romãs
de raras essências.

14. Alfenas e nardos,
açafrão, cálamo, canela,
com todas as árvores de incenso;
a mirra, o aloés...
...aromas!

15. Fonte que fecunda os jardins,
poço de água viva.

16. Desperta, vento boreal,
vem, simum![5]
Sopra sobre meu jardim
e faz jorrar seus aromas.

---

5. As traduções do Cântico dos Cânticos, inclusive a da Bíblia de Jerusalém, traduzem o "vento boreal" por "vento norte", e o "vento simum" por "vento sul", mas preferimos manter a expressão usada pelo autor. Na Mitologia Grega, Bóreas é o vento norte que trazia o inverno devastador, frio e violento. Já o vento simum ou samiel é um vento quente e seco que levanta as areias dos desertos da Ásia e da África, onde sopra do deserto do Saara em direção ao litoral norte da África [N.T.].

Que venha o meu amado,
que ele vá até seu jardim
e dele saboreie o fruto.

Canto V

1. Vim ao meu jardim,
minha irmã, minha noiva!
Colhi a mirra e o bálsamo,
comi o mel,
bebi o vinho e o leite.
Vinde, amigos,
comei, bebei!
Embriagai-vos de amor!
2. Durmo,
mas meu coração vela.
Ouço meu Bem-amado que bate à porta.
Abre-me, minha irmã, minha amiga,
minha pomba, minha perfeita.
Minha cabeça está cheia de orvalho,
os cachos dos meus cabelos
estão cobertos das gotas da noite.
3. Já despi a minha túnica,
como a tornarei a vestir?
Meus pés estão lavados,
como os tornarei a sujar?
4. Meu Bem-amado estendeu sua mão
pela fresta da porta
e minhas entranhas estremeceram.
5. Eu me levantei
para abrir ao meu amado.

Minhas mãos destilavam mirra
e meus dedos gotejavam a mirra de doce aroma
sobre as aldravas da fechadura.
6. Abri ao meu amado,
mas meu amado tinha desaparecido.
Ele tinha partido...
Sua fuga me deixou fora de mim.
Eu o busco,
sem encontrá-lo.
Eu o chamo...
não há resposta.
7. Os guardas que rondam pela cidade
me encontraram.
Eles me bateram,
eles me feriram,
eles arrancaram o meu véu,
os guardas das muralhas.
8. Eu vos conjuro,
filhas de Jerusalém!
Se encontrardes o meu amado,
o que lhe direis?
Que estou doente de amor!
9. O que tem o teu Bem-amado
a mais do que os outros,
ó tu, a mais formosa dentre as mulheres?
Quem é ele, o teu amado,
para assim nos conjurar?
10. Meu Bem-amado é viçoso e vermelho vivo.
Ele é único!
11. Sua cabeça é dourada,
de um puro ouro.

Seus cachos,
negros como a asa da graúna.
12. Seus olhos
são como pombas
junto a uma fonte,
banhando-se em leite.
Plenitude!
13. Suas faces
são como canteiros de aromas,
montes cobertos de flores perfumadas.
Seus lábios
são lírios que destilam pura mirra.
14. Suas mãos
são esferas de ouro
encrustadas com pedras de Társis,
seus flancos
são alvo marfim engastado com safiras.
15. Suas pernas
são como colunas de alabastro
pousadas sobre pedestais de ouro.
Sua atitude e seu aspecto
lembram o Líbano.
Ele é o eleito, como os cedros.
16. Sua palavra é doce,
tudo nele aviva o desejo.
Este é o meu Bem-amado,
este é o meu amigo,
filhas de Jerusalém.

Canto VI

1. Para onde foi teu amado,
ó bela entre as mulheres?
Rumo a qual estrela?
Para que o busquemos contigo...
2. Meu Bem-amado desceu
ao seu jardim,
aos canteiros dos aromas,
para lá apascentar seu rebanho
e colher os lírios.
3. Eu sou para o meu Bem-amado,
meu Bem-amado é para mim,
o pastor das rosas.
4. Tu és bela, minha amiga,
como Tirza,
esplêndida como Jerusalém,
terrível como um exército!
5. Desvia de mim teus olhares,
pois eles me fascinam.
Teus cabelos,
são como um rebanho de cabras
que ondulam sobre as colinas de Galaad.
6. Teus dentes
são como ovelhas que sobem
do bebedouro,
par a par,
nenhuma solitária.
7. Tuas faces
são metades de romã
sob o teu véu.

8. Sessenta são rainhas,
oitenta concubinas
e jovens sem número.
9. Única é a minha pomba,
minha perfeita.
Única para a sua mãe,
imaculada para aquela que lhe deu à luz.
As jovens mulheres a viram
e lhe disseram "bem-aventurada",
rainhas e concubinas a celebraram.
10. Quem é esta que surge
como a aurora,
formosa como a lua,
resplandecente como o sol,
terrível como os batalhões?
11. Ao jardim das nogueiras
eu desci
para ver os jovens brotos
do vale,
a floração dos vinhedos,
o brotar das romãzeiras.
12. Carros!
Ó, meu povo, ó príncipe,
Onde estou? (Onde estás, minha alma?)
Não sei mais

Canto VII

1. Volta,
volta, Sulamita
volta, volta
e nós veremos em ti!

O que verás em Sulamita?
Uma dança...
e coros que se respondem.
2. Como teus pés são belos
em tuas sandálias,
ó filha do príncipe!
A curva dos teus flancos,
são como um cálice,
obra das mãos de um artista.
3. Teu regaço
é como um vaso onde o licor não seca.
Teu ventre,
como montão de trigo,
cercado de lírios.
4. Teus seios,
como dois gamos,
filhos gêmeos da gazela.
5. Teu pescoço
é como uma torre de marfim.
Teus olhos como lagos do Hesbom,
junto à porta de Bate-Rabim.
Teu nariz,
como a torre do Líbano,
sentinela voltada para Damasco.
6. Tua fronte ergue-se
semelhante ao Monte Carmelo.
Tuas tranças
são como a púrpura.
Um rei é cativo
dos cachos dos teus cabelos.

7. Como és bela,
minha Bem-amada,
como és bela!
8. Tu te ergues ereta
como uma palmeira,
teus seios dela são os frutos.
9. Eu disse:
"Subirei na palmeira
e pegarei os seus frutos".
Teus seios
serão como cachos de uvas.
O perfume do teu sopro,
será como o perfume das maçãs.
10. Tua palavra,
é como vinho maravilhoso
que faz estremecer os lábios
daqueles que dormem.
11. Eu sou do meu Bem-amado, a ele pertenço,
a mim dirige-se o seu desejo.
12. Vem, meu Bem-amado, vamos aos campos!
Passaremos as noites
nas aldeias.
13. Nós despertaremos
na vinha.
Vejamos se ela floresce,
se já aparecem as tenras uvas
e se já brotam
as romãzeiras.
Então, eu te farei o dom
de todo o meu amor.
14. As mandrágoras
exalam o seu perfume.

Às nossas portas
estão os melhores frutos.
Os novos e os antigos,
meu amor,
para ti, eu os guardei.

Canto VIII

1. Ah! Quem me deras foras como um irmão,
aleitado no seio da minha mãe,
ao te encontrar ao ar livre,
eu poderia te beijar,
sem que as pessoas maldassem.
2. Eu te levaria,
e te introduziria
na casa da minha mãe.
Ali, tu me iniciarias.
Eu te daria um vinho perfumado,
um licor de romã.
3. Seu braço esquerdo
está sob minha cabeça,
sua direita me abraça.
4. Eu vos conjuro,
filhas de Jerusalém,
não desperteis,
não acordeis o meu amor
antes da hora do seu desejo.
5. Quem é esta,
vindo do deserto,
inclinada sobre seu amante?
Sob a macieira,
eu te acordei,

ali onde tua mãe te concebeu;
sob a macieira,
ali onde ela te deu à luz.
6. Coloca-me como um selo
sobre teu coração!
Como um selo sobre o teu braço!
Pois o amor é forte
como a morte.
Seu ciúme é inflexível
como o Scheol.
Suas labaredas são labaredas de fogo,
chama de Yah!
7. As águas múltiplas
não poderão apagar o amor,
os rios
jamais o submergirão!
Quem oferecesse todas as riquezas
da sua casa
para comprar o amor,
com desprezo
ele seria desprezado.
8. Nós temos uma irmã.
Ela é pequena
e não tem seios.
O que faremos pela nossa irmã,
no dia em que dela falarão?
9. Se ela for uma muralha,
ali edificaremos ameias de prata.
Se ela for uma porta,
nós a cercaremos
com tábuas de cedro.

10. Eu sou uma muralha
e meus seios são as suas torres.
Assim, aos seus olhos,
eu permaneço em paz.
11. Salomão tinha uma vinha
em Baal-Hamom.
Aos guardiões, ele confiou a vinha,
cada um lhe trouxe
mil peças de prata
pelo seu fruto.
12. A minha vinha está diante de mim.
As mil peças de prata
são para ti, ó Salomão.
E eis aqui duzentas peças de prata
para os guardiões
da vinha.
13. Tu, que habitas
os jardins...
os amigos aguardam o som da tua voz.
Deixa-me ouvi-la!
14. Foge, meu Bem-amado,
sê semelhante aos gamos,
aos jovens cervos
sobre as montanhas perfumadas!

II
Interpretações

1 A sabedoria do amor

Para os antigos, particularmente para Orígenes, não podemos ler e viver o Cântico dos Cânticos, ou *Chir ha Chirim*, sem ter meditado longamente sobre o Qohelet e o Livro da Sabedoria, dois livros igualmente atribuídos a Salomão, o arquétipo do sábio segundo o pensamento hebraico e helenizado do cristianismo.

O que é um amor não purificado de toda ilusão, senão uma nova ilusão, fonte de decepção e sofrimento? Qohelet, lembrando a importância e a vacuidade de tudo aquilo que existe e sobretudo das pretensões humanas ao saber, à justiça e à ternura, não nos conduz ao desespero, mas a uma lucidez aguçada e luminosa na qual pode surgir o milagre de existir, a graça de se conhecer e de conhecer o outro e o mundo, sobretudo a graça inesperada e imerecida de provar a alegria e de amar, em tudo aquilo que acontece, do maior ao mais ínfimo, a Presença "Daquele que É, que Era e que Virá".

O discernimento dessa Presença, que é energia, justiça, paciência e misericórdia, é o conteúdo do Segundo Livro de Salomão, justamente chamado o Livro da Sabedoria; sabedoria sem ilusão, mas tampouco sabedoria sem amargura. O pó ao pó voltará, a luz à luz voltará e o homem é este pó que dança na luz.

Um passo a mais é galgado no Cântico dos Cânticos. A sabedoria não é apenas lucidez impiedosa e discernimento da luz que resiste à análise e ao tempo, ela é também sabedoria do amor.

É preciso mencionar que o amor que será abordado no Cântico, "o canto dos cantos de Salomão", este amor é Deus ou a marca por Ele deixada; alguns dirão que é o seu abraço no mais íntimo do ser humano.

Mas quem é Deus? E o que é esse amor que dizemos ser Deus?

O Livro de Salomão não nos responderá fazendo um discurso ou apresentando uma filosofia, mas narrando um relato de aventuras. No Cântico, o Nome de Deus jamais será pronunciado, mas a expressão "Bem-amado" (*Dodi*), pela qual a mulher (a alma) chama "aquele que seu coração ama", será pronunciada 26 vezes. Na guematria, o número 26 é o número de YHWH, o Nome impronunciável do "Ser que é o que Ele É e o que Ele se Tornará", "Eu Sou/Eu Serei".

Haveria, então, 26 maneiras de entrar em relação com o outro, revelando-nos o segredo do Nome e do Ser Divino?

Tudo isso deve ser explorado e verificado; a relação entre um homem e uma mulher pode tornar-se o lugar, a revelação, a encarnação daquilo que chamaremos de Amor/Deus (*Ágape/O Theos*).

Como esse Amor pode ser mais uma Sabedoria do que uma loucura, uma divinização e não uma demência? Talvez seja isso que nos será desvelado por esse livro escrito há mais de dois milênios, dois milênios que nos dão poucos indícios e exemplos de onde esta sabedoria e este amor foram consumados.

O Cântico não pretende nos dizer o que é o amor, apesar de ele nos indicar certos "estados" aonde o amor pode nos conduzir. Do desejo mais ardente à nostalgia mais inenarrável, o amor ali é apresentado, antes de tudo, como um caminho, uma travessia das distâncias e dos abismos que diferenciam um tu e um eu. Aquele que sai vivo desse caminho passou pelo fogo; ele queima e ele canta, pois só merece ser louvado e celebrado aquilo que nos liberta dos nossos limites, porém sem deixar de aceitá-los.

O que é um amor que daria a última palavra à morte? Ele não seria sabedoria do instante e do Eterno, ele não daria sabor ao nosso nada.

Basta ser exegeta para compreender as Escrituras? Não é preciso ser profeta para compreender os profetas?

Ser poeta para compreender os poetas? Não é preciso estar apaixonado para ousar falar do amor?

Ler o Cântico dos Cânticos... *Noblesse oblige*[6], ou "santidade obriga", nos pede para sermos tudo isso, daí o estilo variado desse livro. Ao aspecto sério da exegese vem por vezes misturar-se o relâmpago da palavra profética, a fantasia do poema, o murmúrio do apaixonado.

O Cântico é tudo isso: referências bíblicas, desvelamento de um segredo, imaginação que extravasa, desejo de conhecer e de amar, busca pelo único, questionamento infinito.

Assim, devemos lê-lo como uma paisagem com suas alternâncias de cumes e vales ou como um corpo que não acariciamos da mesma maneira da cabeça aos pés. A paisagem pede aos nossos olhos para passarmos de um estilo ao outro ou de um olhar ao outro.

Passaremos, dessa forma, de uma maneira de "tocar" a uma outra; é isso que reclamam os corpos apaixonados. Existem, de fato, diversas maneiras de "tocar" o texto, diferentes maneiras de interpretá--lo e é isso que os rabinos chamam de a arte da carícia. O Cântico dos Cânticos, mais do que qualquer outro texto ou "corpo escriturário", é um "texto a ser acariciado".

---

6. Expressão no original em francês; a tradução literal seria "nobreza obriga" [N.T.]

2 Sobre uma leitura "carnal" do Cântico dos Cânticos

Frank Lalou e Patrick Calame, em seu *Grand Livre du Cantique des Cantiques*, observam que "durante toda a sua história o Cântico teve detratores, tanto entre os judeus quanto entre os cristãos. Para mantê-lo no conjunto dos livros que formam a Bíblia, alguns mestres ou alguns doutores tiveram que ser seus pertinazes advogados. Essa integração será da maior importância, pois ela é a base da mística da cabala.

As controvérsias aparecem regularmente na história, contra ou a favor da sua manutenção na Bíblia. Entretanto, a única condição para a sua integração no corpo da Bíblia sempre foi a de abandonar sua leitura natural em favor da leitura alegórica que evoca os amores do povo ou da Igreja pelo seu Deus"[7].

Lembremo-nos igualmente das advertências de Paulo em sua Epístola aos Gálatas: "Digo, porém: andai em Espírito, e não cumprireis a concupiscência da carne. Porque a carne cobiça contra o Espírito, e o Espírito contra a carne; e estes opõem-se um ao outro" (Gl 5,16-17).

Se há entre eles esse antagonismo, não teria sido para resolvê-lo que o "Verbo se fez carne", ou seja, encarnou, pois o Amor/Deus ou YHWH/Ágape só pode se manifestar em um corpo, seja um corpo cósmico ou um corpo humano?

Sem dúvida, ainda será preciso especificar o sentido da palavra "carne". O que é uma carne sem Espírito, ou seja, sem *Pneuma*, sem sopro? Nada mais do que um cadáver ou uma vaga poeira...

Não encontramos aí todo o cristianismo: Ver o Espírito na carne? Deus no ser humano perecível? O Amor em carne e osso animado pelo Sopro? (Espírito-*Pneuma*), a Encarnação?

---

[7]. LALOU, F. & CALAME, P. *Grand livre du Cantique des Cantiques* [Grande livro do Cântico dos Cânticos]. Albin Michel, 1999, p. 15.

Sem a carne, o Espírito, o Sopro, não passam de vento. Sem o Amor, a carne nada mais é do que agregados.

O mesmo é verdadeiro para o texto que leremos: sem comunhão com o Espírito que o inspira, com a respiração que o induz, o texto não passa de letras mortas.

Após ter citado um certo número de poesias egípcias e sumérias muito próximas do *Chir ha Chirim*, sem deixar de mencionar também alguns pontos polêmicos, Frank Lalou observa que "os judeus, os rabinos e os mestres têm uma relação real com a sexualidade e podem julgar de maneira mais profunda certas passagens amorosas do poema. É porque, em matéria de sexualidade, não existe moral judaico-cristã. Um rabino é obrigado a ter mulher e filhos, um padre católico é o inverso. Duas visões do mundo opõem-se aqui. Mas por que deixar a exclusividade dos comentários sobre o mais perene e o mais esplêndido texto de amor a pessoas que fazem voto de abstinência e a mestres que são garantias de uma ortodoxia e de uma moral rígidas"[8]?

Como não aprovar e ao mesmo tempo propor algumas nuanças e outros pontos de vista?

Penso em um querido padre dominicano que foi o meu primeiro mestre na Ordem dos Pregadores, o Padre Laure, que me disse: "Se você recitar o Credo com alguém do outro sexo, ele começará sempre por 'Creio em Deus' e terminará sempre por 'Creio na ressurreição da carne'". Ele me contava isso com a ironia e a certeza virtuosa de um santo misógino, o que não podia deixar de lisonjear o pequeno filósofo grego ou o budista meditativo que existiam em mim, sempre hábil em demonstrar a impermanência de todas as coisas e a ilusão da carne, este composto que não demorará a se decompor.

Meio século mais tarde, após ter mudado diversas vezes de óculos[9] para ler esse texto, eu fico maravilhado diante da sua coerência;

---

8. LALOU, F. & CALAME, P. Op. cit., p. 18.
9. Gregos, latinos, hebraicos, mas também ateus, fenomenológicos, poéticos etc.

37

sim, é realmente preciso acreditar em Deus para crer na ressurreição da carne; ou, mais precisamente, na sua "ascensão" – *anastasis* – ou na sua transfiguração, *metamorphosis*.

É preciso ser muito cristão para amar a carne e ali ver o templo de Deus, o lugar da sua encarnação; sem dúvida, isso é impossível sem a graça de amar, sem o dom do Espírito Santo.

É o "olho do coração", o Amor/Deus em cada um de nós, que transfigura todas as coisas, todos os membros e toda a matéria e que percebe na fragilidade dos corpos, a presença do "meio divino" que torna possível a inter-relação consciente, ou seja, o encontro.

O sexo, então, também é considerado sagrado, assim fala o Zohar: "Quando o princípio masculino está unido pelo desejo ao princípio feminino, os mundos são abençoados e a alegria reina, assim em cima como em baixo... O homem só está completo quando o macho se une à fêmea... A presença divina só habita na casa onde o homem está unido à mulher"[10].

O Logos não se faz carne pela metade ou apenas em algumas partes privilegiadas do composto humano, ele se faz homem por inteiro; *Totus*, dizem os padres, e é isso que nos lembra o Cântico dos Cânticos bem antes da encarnação de YHWH/Deus na carne esplendorosa de Yeshua de Jerusalém, que alguns reconhecerão como o *Messiah* (o Cristo).

Se a carne e o sexo são tão sagrados, como explicar a náusea ou o tédio que toma conta de nós quando vemos um filme ou uma exposição do tipo pornográfico? Não seria porque o que lá é exposto, da maneira mais explícita, é uma carne e um sexo sem espírito, sem amor? Uma carne e um sexo não transfigurados, não ressuscitados pelo Espírito e pelo Amor. E São Paulo tinha razão nesse sentido: *eros* e *thanatos* terão o mesmo odor (o da putrefação e da entropia) se o perfume do *Pneuma* e do *Ágape* não vierem se misturar a eles.

---

10. LALOU, F. & CALAME, P. Op. cit., p. 172.

Falta aos padres ascetas e aos rabinos rígidos evocados por Lalou, mas também aos hedonistas incontinentes, aos obcecados pela matéria e pelo sexo, o sentido pleno do Cântico dos Cânticos. A carne contra o Espírito, o Espírito contra a carne, materialismo contra espiritualismo, renúncia contra devassidão: o Cântico dos Cânticos nos convida a resolver todos esses antagonismos. No tocante a isso, pudemos observar que um padre celibatário ou uma pessoa sozinha podem ter um grande respeito pelo seu próprio corpo e pelos corpos que eles encontram, tendo um sentido profundo da presença divina que anima tudo aquilo que existe, e um homem casado pode tratar o corpo do outro e dos outros como objetos de consumo, descartáveis. Para os leitores da Bíblia e do Cântico dos Cânticos isso é verdadeiro tanto hoje quanto outrora.

Texto profano ou texto sagrado, como vida profana e vida santa, tudo depende do coração daquele que lê e daquele que vive.

Quer observemos o livro, o corpo do Bem-amado ou da Bem-amada, o corpo da terra e do cosmos, tudo depende do amor e da consciência que está neste olhar.

Considerar a carne sem o espírito ou o espírito sem a carne, o corpo sem amor ou o amor sem corpo, é permanecer cego, caolho ou adormecido. O Cântico nos convida a vermos, a nos tornarmos videntes, despertos.

Isso não quer dizer que a minha leitura será a de um vidente, de um desperto, mas a de um homem frágil que pede incessantemente a graça de amar. Pois sem essa graça, nem as Escrituras, nem o Cântico, nem a vida... têm sentido.

3 Canto I

1. *Chir ha Chirim*

"Canto dos cantos" ao invés de Cântico dos Cânticos; a palavra "cântico" em francês ainda contém um odor de piedade que não traduz o vigor e a intensidade do canto, sobretudo se este for o "canto dos cantos".

Conhecemos o "Santo dos Santos", que é o lugar mais secreto e mais sagrado do templo. Existe também o Shabat dos Shabats, o Dia da Páscoa.

Carlos Suarès traduz por "resíduo dos resíduos", o que não é muito poético, tanto em francês como em português, mas que, na alquimia, expressa bem o que ele quer dizer: trata-se daquilo que sobra quando tudo passou pelo fogo, o que resta quando nada mais resta. "Quintessência das quintessências", o *Chir ha Chirim* nos conduz ao "segredo dos segredos", à "essência da nossa essência", e caso acreditemos nas letras ou nos números dos cabalistas, trata-se do amor.

O amor é "o segredo dos segredos", o próprio YHWH/Deus. Em hebraico, amor se diz *Ahava,* que se escreve com as letras: *Aleph he het he,* cujo valor numérico é 13.

Emtsa, o mundo intermediário ou "o entre dois", é constituído pelo amor que vem da Fonte das luzes voltada para o mundo e pelo amor do mundo voltado para a Fonte das luzes.

Emtsa é também "o entre dois", a relação entre o homem e a mulher, 13 + 13; a fonte desses dois amores dão o número 26.

E 26 remete ao valor numérico da palavra *havaya,* que significa o Ser ou a existência.

Hé vav yod hé, 5 + 6 + 10 + 5 = 26, *havaya* é um anagrama do tetragrama YHWH/Deus.

Assim, o Amor seria o nome secreto ou o nome oculto no coração do *Chir ha Chirim*. A palavra *Dodi* (Bem-amado) será pronunciada 26 vezes, como se fosse necessário dizer e redizer o Nome daquele que amamos pelo menos 26 vezes, para começar a amá-lo e para que o Amor, essência da nossa essência, revele-se em nós.

Acher Lichelomo

Esse "canto dos cantos" é de Salomão ou "para Salomão", segundo as análises de estilo (presença de termos persas, gregos e aramaicos). A redação desse texto será datada por volta de 450 antes da era cristã; o Talmud da Babilônia o situa no período da Grande Assembleia, reunida por Esdras e Neemias em 444. Sabemos que o Salomão histórico reinou em Israel durante quarenta anos, de 968 a 928 a.C.

O livro é, portanto, atribuído ao "Salomão arquetípico", o sábio que, através de diversas provações e aventuras (sobretudo com mulheres), descobre-se "inteiro" e em paz.

A palavra *shalom* está na origem da palavra *chlomo* (Salomão); o homem em paz quer dizer "o homem inteiro". Não estaremos em paz enquanto não estivermos inteiros; ser espiritual sem ser carnal, ser carnal sem ser espiritual, ser uma metade de si mesmo. O Cântico dos Cânticos é talvez um convite para que reconciliemos os contrários ou para descobrirmos que em YHWH/Deus ou no Amor eles jamais estiveram em oposição e Salomão, o arquétipo do sábio, dá testemunho dessa integração: *shalom*/paz.

O canto dos cantos, a revelação da essência do ser, só é concedida ao ser humano completo que, ao concluir "a coincidência dos opostos", alcança a sabedoria e a paz.

2. *Yichaqueri minnechiquoti pihon*

Ele me beijará com os beijos da sua boca.

Quem é Ele, este "Ele", este obscuro objeto ou sujeito do desejo, que, através dos seus beijos pode nos conduzir a uma embriaguez mais elevada do que a do vinho?

"Ele" é o Bem-amado para a Bem-amada, é um homem para uma mulher, uma mulher para um homem, quer ele seja rei ou ela pastora, Salomão e sua "favorita entre as mulheres".

Ele/Ela é o desejo de dois seres humanos rumo à união ou à unidade. Mas "Ele", segundo a leitura tradicional do judaísmo, é YHWH/Deus, o Bem-amado do povo de Israel, e o *Chir ha Chirim* conta a história de amor desse povo para com seu Deus, presente/ausente, terno, justo, à espera do *Messiah* que realizará a unidade tão desejada e bem-diferenciada do Criador e da sua criatura.

"Ele", segundo a leitura cristã, é o Cristo, o Messias que já veio e que ainda virá, o Bem-amado, o Esposo da Igreja, a comunidade de todos os crentes que aderem à encarnação e à manifestação de YHWH/Deus em Yeshua, o eleito, o enviado.

"Ele", segundo a mística das diferentes religiões (às quais poderíamos acrescentar o Islã), é o Bem-amado da alma, seu êxtase e sua realização. "É o eu que busca o Self", diriam ainda os orientais e algumas correntes da psicologia profunda.

Cada um sabe (ou não) quem é "aquele que o seu coração ama", o Ser que imanta seu desejo. Ele é externo ou interno? Isso depende, talvez, das etapas do caminho; talvez aquele que considerávamos como um outro, ou "todo outro", se revelará "mais eu do que eu mesmo"; talvez descobriremos que a união tão desejada é uma não separação e uma não confusão que sempre existiu no seio de uma relação infinita. Essa é a aventura, o caminho que poderá nos ensinar a lição.

Este "Ele", quer ele seja um outro, um "todo outro", um Deus, ou a própria profundidade do nosso ser, se tornará muito rapidamente um tu, na mesma primeira frase.

Isso quer dizer que só haverá conhecimento do "Ele" (da Ileidade, diria Lévinas) através do encontro de um tu; o Invisível se tornará visível no face a face de dois semblantes.

Poderíamos ter traduzido diretamente: "Tu me beijarás ou beija-me com os beijos da tua boca, que teu abraço me arrebate e me conduza mais alto do que o vinho", mas isso seria fazer a economia deste "Ele" sempre presente, sempre oculto no "tu", um "tu" que um "eu" ama.

Porém, o que acontece com esse desejo de ser beijada com os beijos da sua boca ou com este desejo de ser simplesmente beijada carnalmente?[11] A Bem-amada deseja ser conhecida de verdade, no sentido bíblico do termo. *Yichaqueri minnechiquot pihon.*

Quer o "Ele" seja um amante principesco ou ordinário, não há razão para nos interrogarmos sobre o sentido das palavras, o realismo da relação coloca de lado qualquer alegoria.

Se "Ele" é o Deus de Israel ou o Deus dos cristãos, será preciso especificar que "beijar" – *nashak* em hebraico – significa "respirar junto" e que o desejo por esse beijo é o desejo pelos tempos messiânicos onde Israel não mais esquecerá de praticar a lei e, consequentemente, de respirar junto com Adonai/Deus.

A embriaguez gerada pela prática e pelo estudo da Torá é mais alegre do que toda a embriaguez advinda dos prazeres e saberes mundanos. Para um cristão como Guillaume de Saint Thierry, não há dúvida de que o beijo é o Espírito Santo que une o Pai e o Filho, mas une também todos os crentes à Presença d'Aquele no qual eles creem.

Esse desejo pelos "beijos da sua boca" é o desejo de um Novo Pentecostes, no qual os discípulos, sob a influência do Espírito, foram considerados "ébrios do doce vinho"; os Padres falarão frequentemente sobre essa "embriaguez sóbria", essa alegria infinita concedida pela graça e que nenhum "vinho da terra" pode dar.

Lembremo-nos igualmente do Evangelho de Maria[12], onde é dito: Yeshua beijava Myriam de Magdala (Maria Madalena) fre-

---

11. Jogo de palavras em francês intraduzível para o português: "Maintenant, qu'en est-il de ce désir d'être baisé des baisers de sa bouche, ou de ce désir d'être baisée tout simplement?" A palavra *"baiser"* pode significar tanto beijar quanto ter relações sexuais [N.T.].
12. Cf. LELOUP, J.-Y. *O Evangelho de Maria.* Ed. Vozes, 2004.

quentemente sobre a boca. Além da dimensão erótica, isso remete ao beijo do mestre ao seu discípulo, através do qual ele "transmite" sua palavra e o seu sopro.

Essa é também uma primeira experiência de amor segundo o Cântico dos Cânticos: amar é respirar juntos, descobrir o sopro que nos é comum, o grande Sopro que se mistura aos nossos sopros e, ao mesmo tempo, nos une e nos diferencia.

O Padre Serafim, no monte Athos, também me disse que "orar é respirar"; quando estamos em presença de alguém não pensamos nessa pessoa, respiramos com ela. É dessa maneira que Yeshua ensinava a samaritana: "os verdadeiros adoradores", aqueles que o Pai deseja, é em *pneumati kai aletheia* que eles devem adorar. É literalmente no Sopro (*Pneuma*) e na vigilância (*aletheia*) que eles devem adorar. Diremos que Moisés morreu em um beijo de Deus, ele entregou seu sopro à Fonte daquilo que vive e respira.

A cada inspirar é YHWH/Deus, o Ser que é o que Ele É, que "expira" em nós, que nos "transmite" Seu Espírito, Seu Sopro; a cada expiração, é YHWH/Deus que "inspira" em nós, que retoma o sopro que Ele nos deu. E nós poderemos dizer: "Entre tuas mãos, Senhor, nós devolvemos nosso espírito-sopro".

Existe aí uma prática de meditação que os exegetas intelectuais, com certeza, não compartilham, mas que será reconhecida por aqueles que possuem uma certa inteligência do corpo e que vivem pelo Sopro. De maneira geral, como pode o beijo boca a boca, essa respiração compartilhada com o Bem-amado ou com Deus, nos conduzir "mais alto do que o vinho"?

Ki tovim dodeka miyayin

Em que esta ternura do Bem-amado (divina e humana) é melhor do que o vinho? À qual embriaguez nos conduz o vinho? À embriaguez da dissolução, da perda da consciência, da transgressão dos nossos limites e das nossas inibições?

Trata-se sempre, algumas vezes mais, outras menos, de uma regressão a um estado indiferenciado, próximo daquele da criança que é banhada no líquido amniótico, ainda não diferenciada da sua mãe; perda ou esquecimento do eu (do ego) em um momento de unidade ou de união com o meio ambiente (pouco importa que ele seja hostil ou favorável). Esse momento de unidade dura o tempo que dura a embriaguez, e o despertar nos recoloca em uma dualidade e em uma solidão ainda mais dolorosas.

Sem dúvida, este primeiro versículo do Cântico nos convida a buscarmos o amor e o seu segredo, aquilo que nosso coração deseja, além da embriaguez das fusões, das misturas e das indiferenciações, mas ali não é a *shalom*, a paz, que reina.

Não saímos da dualidade por meio da regressão ao "um" indiferenciado; o amor é uma dualidade transposta, não uma dualidade destruída ou amortecida. Essa superação da dualidade, na embriaguez do nobre amor, é simbolizada pelo número três.

Para ser um verdadeiramente, "sem confusão e sem separação", é preciso ser três. O Cântico dos Cânticos nos convida a descobrirmos o grande terceiro, esse Sopro (*Pneuma*) que está entre os dois e que ali permanece, para que não haja nem fusão, nem separação, nem mistura, nem exclusão.

Entre o amante e a amada há o Amor e é Ele que os manterá unidos quando eles quiserem se separar; é Ele que os preservará da dissolução das suas identidades quando um cansaço grande demais os incitar a se desembaraçarem do outro através da despedida ou da submissão.

Frequentemente, em um casal, é o terceiro que vem a faltar; encontramo-nos a dois, face a face, em duelo ou em dualidade.

Normalmente, esse é o fim da embriaguez amorosa, semelhante ao vinho que por um momento dissolve a dualidade. É preciso passar, então, a uma embriaguez mais elevada: a de uma aliança e de uma fidelidade que nos libertará de nossas fusões infantis.

Quanto mais somos "um com" alguém, mais próximos estaremos dele, mais descobrimos a que ponto somos dois; tu e eu fazemos realmente dois.

Nossas alteridades, se elas se respeitarem, são irredutíveis, tu és tu, eu sou eu, mas essa diferenciação no amor não é uma separação; pelo contrário, é o que torna a união mais profunda.

É o paradoxo do amor: quanto mais somos um com alguém, mais afirmamos e descobrimos sua diferença; quanto mais respeitamos e afirmamos a diferença do outro, mais somos um com ele.

É rumo a esse paradoxo, a essa aporia existencial, que nos conduz a história, a aventura deste Bem-amado com a sua Bem-amada. É a aventura da nossa relação com o outro, da nossa relação com Deus, "mais eu do que eu mesmo, todo outro do que eu mesmo", o outro não é uma metade que me falta, pois nesse caso continuaria tratando-se de mim mesmo, um "eu inteiro" que eu estaria procurando. O outro é realmente um outro, nosso amor não é o encontro de duas metades que se buscam desde sempre "para se completar". Nosso amor é o encontro de duas liberdades, de duas inteirezas, duas humanidades que podem se inclinar uma diante da outra. Reconhecer sua natureza una e comum e seus semblantes diversos, ou seja, sua maneira de "encarar" e interpretar essa natureza una de maneiras diversas. Como dizem os velhos livros de filosofia, ou o Livro do Gênesis: "Viu que aquilo era belo, bom e verdadeiro."

Com relação a este primeiro versículo, na tradução da Vulgata que, como a Septuaginta, traduz um texto hebraico do século II a.C. bem anterior ao dos Massoretas (século X) sobre o qual estão fundamentadas todas as bíblias hebraicas e suas traduções atuais, Claudel chama a atenção para três "O": *Osculetur me Osculo Oris sui*. Os três "O" simbolizariam as três aberturas do homem ao Ser, Uno e Trino; Vida, Luz, Amor: o ventre e o sexo (para a vida), o intelecto e o pensamento (para a luz), o coração (para o amor).

Os pensadores muçulmanos não meditam sobre o texto do Cântico dos Cânticos; contudo, são numerosos os poetas dessa tradição que transmitem o seu espírito. Para começar, eu não posso deixar de citar alguns poucos versos de Ibn Hazm, um dos grandes poetas de Al Andalus que viveu no exílio, em Valença, por volta de 1025 e ali redigiu "O colar da pomba" (Do amor e dos amantes)"[13] que, para alguns, estaria na origem do *fin'amor* e dos cantos amorosos de Guilherme de Aquitânia e outros trovadores. Será que existe em todos os cantos amorosos um eco do "canto dos cantos", assim como existe em todas as palavras de amor um eco da palavra criadora, um perfume do Espírito que vivifica?

> Uma hora [...]
> Alguém me perguntou minha idade,
> Após ter visto a velhice encanecer minhas têmporas
> E os cachos sobre a minha testa.
> Eu lhe respondi: "Uma hora.
> Pois na verdade eu conto como nada sendo
> o tempo que em outros momentos vivi".
> Ele me disse: "O que estás dizendo? Explica-te.
> Eis a coisa mais comovente".
> Então eu disse:
> "Um dia, de surpresa, dei um beijo,
> um beijo furtivo, àquela que roubou meu coração.
> Não importa quão numerosos devam ser meus dias,
> Eu só contarei esse breve instante,
> Pois ele foi realmente toda a minha vida"[14].

Beijo místico ou beijo carnal; nos dois casos há "metamorfose" do tempo. O místico e o amoroso são "filhos do instante", deste instante que abre-se ao eterno (*kairos*).

---

13. *Le collier de la colombe* [De l'amour et des amants] [traduzido do árabe, apresentado e anotado por Gabriel Martinez-Gros. Actes Sud, 2009].
14. Poesia de Ibn Hazm, extraída do *Colar da pomba* [traduzido por Gabriel Martinez-Gros. In: *Revue Ultreia*, n. 6, p. 117].

3. *Lereah chemanekha tovim chemen*
Teus perfumes, teus óleos, teu Nome.

A partir deste terceiro versículo passamos do Ele ao tu. O outro, todo outro, infinitamente próximo e sempre inacessível, quer ele seja "humano, cósmico ou divino" é "Aquele que o nosso coração ama", o Infinito que preenche e aprofunda, satisfeito e insatisfeito, nosso ser de desejo, o Ele em sua "Ileidade" inalcançável e incompreensível revela-se como um tu ao mesmo tempo compreensível e incompreensível, um ser "mediano" que pertence ao mundo do desconhecido inefável e ao mundo cognoscível; com o "tu", nós passamos do *Deus absconditus* ao *Deus revelatus* e ao *Deus incarnatus* – entramos no mundo das teofanias.

O Outro, humano, cósmico ou divino, na sua transparência ao Infinito, vai tornar-se para nós o ícone do inefável, sabendo que haverá sempre o risco de fazer do "Bem-amado" ou do "nosso Senhor" humano, cósmico ou divino, um ídolo, ou seja, uma realidade que perdeu a sua transparência ou sua abertura ao Real inalcançável e incompreensível (este obscuro e luminoso silêncio, como denomina Dionísio, o Teólogo[15]).

Com este "tu" estabelece-se uma relação com o Infinito através da e na finitude. O Outro, humano, cósmico ou divino, cada um com o nome, perfume e unção (o óleo) que lhe são próprios, dá testemunho do Infinito que o habita e habita aquele que assim o reconhece.

São dois cones que se comunicam através dos seus polos e desta maneira desenham a figura deste infinito.

---

15. Cf. *A teologia mística de Dionísio, o Areopagita – Um obscuro e luminoso silêncio* [traduzido e comentado por Jean-Yves Leloup. Ed. Vozes, 2014].

Deus absconditus

Tu: teofania
Deus revelatus

Eu:
Deus incarnatus

O instante (*kairos*), o beijo, o encontro, a aliança, a comunhão, a contemplação.

O amor é esse ponto inacessível ou esse instante intemporal, esse terceiro incluído onde se encontram dois olhares, duas consciências, dois corpos, dois silêncios...

O ponto onde esse instante, onde o dois da dualidade torna-se o Um da Trindade, o um diferenciado de uma aliança. É em louvor desse "Ele" desconhecido, que, pela graça do amor, tornou-se um "tu" amado, que cantaremos (encantaremos) o seu aroma, o seu perfume, o óleo, o Nome.

É preciso observar que em hebraico a palavra *shem*, o Nome, *shemen*, o perfume, o óleo perfumado, *Messiah* (o Messias, aquele que recebeu "a unção do óleo) e *Shlomo* (o homem pacificado, o homem da *shalom*, o sábio) remetem à mesma raiz. O óleo, o perfume, o nome formam um todo e fazem do "outro" uma autêntica e completa teofania. O odor de um ser, seu perfume, é a revelação da sua essência.

No nível carnal, dois seres que "não suportam o cheiro um do outro" não podem viver juntos; quando odores e perfumes estão em sintonia temos os cheiros e a harmonia de dois corpos reconciliados, uma dualidade apaziguada.

Falamos também do "odor da santidade" para evocar um perfume inefável. O Deus ou o Senhor de cada consciência não é um ser-objeto ou objetivo a ser descoberto ao término de uma racionalização, mas um perfume que pode se revelar na profundidade de uma respiração. (A palavra *shemen* é o anagrama da palavra *nesham*, que significa "respiração").

O óleo, o perfume que nos envolve, quintessência dos frutos da terra (e particularmente da oliveira, árvore considerada sagrada pelos antigos) nos amacia, nos torna mais flexíveis, relaxa nossos membros das suas tensões, nódulos e rigidez. Frequentemente "falta óleo" nas nossas relações, nossas portas começam a ranger; o outro, ao invés de nos relaxar, nos deixa tensos.

Reconhecemos o amor na descontração, na brandura que ele desperta entre dois seres; ou seja, a confiança ou o não medo, a ausência de suspeita, quer se trate da nossa relação com o Outro humano, cósmico ou divino. Há óleo em nossas engrenagens, e nossas engrenagens, nossos pontos de "contato", sem fazer barulho, sintonizam-se e uma bem-aventurança recíproca nos edifica na paz.

O óleo também é o símbolo do Espírito, o *Messiah*; aquele que recebeu a unção do óleo, "o ungido" (o *christos*, como foram Davi e Yeshua) é o humano totalmente simples e dócil às inspirações do *Pneuma* (do Espírito), Aquele que, o tempo todo, a cada instante, é inspirado pelo Sopro de YHWH/Deus. Compreendemos, então, por que judeus e cristãos, de maneiras diferentes, estão à espera do *Messiah*.

Todos nós precisamos do óleo do Espírito para efetivar, para encarnar no mundo a presença de YHWH/Deus que, através de um corpo "pneumatóforo" (um "outro Cristo", dirá Gregório o Grande) revela o poder da sua bondade ou misericórdia, *Ar rahmani ar rahim* em árabe.

"Teus óleos, teu perfume, teu Nome." Teu nome é aquilo que se revela por último. Tendo respirado os eflúvios da tua presença, eu posso perguntar o teu nome; é isso que, junto com Moisés, todo homem pede ao Silêncio e à Origem de tudo aquilo que vive e respira: como nomear aquilo que nos fundamenta, nos faz viver, pensar e amar.

Eyeh Asher eyeh será a resposta dada a Moisés: "Eu Sou, Eu Serei", "Eu Sou o que Eu Sou", "Eu Sou", "Eu Sou/Estou com Você", este será o meu Nome de geração em geração.

"À noite, eu repito o teu Nome" e teu nome é um perfume derramado sobre todo meu corpo, um óleo sobre minha boca. Na minha carência de ser, "o Ser que É o que Ele É, "Eu sou/Eu Serei", está presente.

É através da invocação ou da evocação, mais frequentemente do que através da relação amorosa, que me é dado te conhecer, provar o Amor que me faz ser, nascer a cada instante.

Para a tradição cristã, o nome de Yeshua contém, sem contê-lo, o nome de YHWH, "Eu Sou". Como a sarça ardente, "a chama de *Yah*" (o único momento em que o nome de YHWH será esboçado no Cântico), o habita.

Ele queima sem se consumir, ele morre sem morrer, ele está sempre ressuscitado (literalmente *ana-stasie*, acima daquilo que é mortal).

A partir desse primeiro "Eu Sou", ele declinará as diferentes qualidades e atributos: "Eu sou o pastor", "Eu sou a porta", "Eu sou a ressurreição"... "Antes de Abraão ser, "Eu Sou". Invocar Seu Nome é invocar aquilo que vem antes, é despertar para o Infinito e o Eterno. Compreendemos por que a invocação do Nome, ou oração do coração, será tão importante nas tradições meditativas, particularmente no hesicasmo, onde o Nome é compreendido como energia, presença, epifania daquele que invocamos.

"Aquele que invoca o Nome do Senhor será salvo" (At 2,2). (*Iesha*, ele respira ao largo.) Cada um deve encontrar o Nome do seu Senhor; dizê-lo e redizê-lo significa encontrar em si a saída, aquilo que nos fará sair do inferno (fechar-se no eu) e nos recolocará no aberto.

A invocação do Nome é a abertura em nós àquilo que é maior, mais inteligente, mais amoroso do que nós. O próprio Yeshua vivia nessa prática, ele invocava seu Deus como *A'oum douasmaya* (em aramaico), Pai-Céu (*abba* em hebraico); o *A'oum* nos lembra o "Om", som sagrado e primordial para os vedas e as grandes tradições do Oriente. É por meio dessa invocação que Yeshua reanimava os mortos (cf. Lázaro), curava os doentes, perdoava os extraviados e trazia a alegria àqueles que habitavam na tristeza e na sombra.

Seu "Pai é "Pai nosso", dirá ele aos seus discípulos e à Myriam de Magdala, após sua ressurreição. Assim como seu sopro é o nosso sopro, seu perfume é o nosso perfume ("o bom odor do Cristo" dirá São Paulo). Seu *A'oum* é o nosso *A'oum*, nós podemos entrar em ressonância com Ele, com este Nome primeiro que sobe do Silêncio. Compartilhar seu "Céu" (*douasmaya* em aramaico, *shamaim* em hebraico, *ouranos* em grego), ou seja, o Espaço infinito que é a sua morada, o Incriado, Criador que neste instante nos faz ser...

Cabe a cada um descobrir o nome do Ser que orienta e guia o seu desejo. Podemos chamá-lo de Luz, Amor, Paz ou por um nome mais pessoal, o nome do rosto pelo qual a Luz, a Vida, o Amor se revelaram a nós. Nós nos tornamos aquilo que amamos ou aquilo que conhecemos, mas nos tornamos também aquilo que invocamos...

> Teus perfumes, teus óleos, teu Nome.
> Belezas que jorram
> *Touraq chemèkha,*
> é por isso que as jovens te amam,
> *Alken alamot ahevoukha.*

André Chouraqui observa que a palavra *touraq* em hebraico vem de *riq*: "esvaziar, fazer o vazio". Dessa forma, a invocação do Nome, a beleza do Ser que através do Nome é "convocada", primeiro faz o vazio em nós. Ela nos esvazia de todo apego, apenas o Absoluto é absoluto, apenas o Real é real e apenas Ele merece nossa aquiescência e nossa liberdade. Sua beleza que jorra nos lava e nos aprofunda.

Quem conheceu um grande amor não consegue mais se satisfazer com simples "flertes"; da mesma maneira, aquele que provou um grande vinho saberá relativizar o valor dos vinhos que lhe são apresentados e discernir a inflação de alguns elogios injustificados.

Um grande amor frequentemente cria um grande vazio à sua volta, seja o amor por um ser humano ou por um Deus revelado. Nós precisamos de espaço e de segredo para que nossas relações floresçam.

"As jovens estremecem" – a palavra *alamot*, que normalmente é traduzida por "jovem moça", evoca igualmente uma ideia de retidão ("as retidões te amam", traduziu Chouraqui na sua primeira versão do Cântico), de pureza, inocência, virgindade (a palavra *almah*, "jovem moça" ou "jovem mulher", foi traduzida no grego da Septuaginta por "virgem" e terá uma longa história a percorrer através da teologia relativa à virgindade de Maria, virgindade tomada no sentido carnal do termo, ao invés de ser tomada no sentido espiritual).

Almah pode igualmente ser colocada em relação com a palavra *olam*, que quer dizer "ser eterno, não temporal".

Assim, o sentido profundo do texto poderia ser: aquilo que estremece em presença do Bem-amado (humano, cósmico, divino) é aquilo de mais fresco, de mais jovem, de mais puro que existe em nós; "o virgem, o vivaz, o viridente agora"[16], o vivo instante.

A virgindade é o silêncio do corpo, do coração e do espírito onde, no assombro e no estremecer, é engendrada a presença do Logos que faz existir todas as coisas.

---

16. MALLARMÉ, S. "Le vierge, le vivace et le bel aujourd'hui". In: *Poésie*, 1887: O virgem, o vivaz e o viridente agora / Vai nos dilacerar de um golpe de asa leve / Duro lago de olvido a solver sob a neve / O transparente azul que nenhum voo aflora! // Lembrando que é ele mesmo esse cisne de outrora / Magnífico mas que sem esperança bebe / Por não ter celebrado a região que o recebe / Quando o estéril inverno acende a fria flora // Todo o colo estremece sob a alva agonia / Pelo espaço infligida ao pássaro que o adia, / Mas não o horror do solo onde as plumas têm peso. // Fantasma que no azul designa o puro brilho, / Ele se imobiliza à cinza do desprezo / De que se veste o cisne em seu sinistro exílio (tradução Augusto Campos) [N.T.].

Existe ali uma "imaculada concepção", pois o que nasce em nós, nesse instante, não vem do conhecido ou do adquirido, mas do obscuro e luminoso silêncio que é matriz de todos os universos.

No cristianismo, Maria é o arquétipo da consciência, sempre virgem, sempre nova, sempre surpresa diante daquilo que nasce dela; ela é a jovem moça trêmula do Cântico. Lembrando-nos que esse estremecer é "princípio de saber e conhecimento".

André Chouraqui, acolhido pelo Padre Rzewski na montanha da Sainte Baume para traduzir os Salmos e o Cântico dos Cânticos, me disse que, após ter entrado na gruta onde teria vivido Maria Madalena depois da ressurreição de Cristo, ele optou por traduzir a expressão "temer a Deus, princípio do saber", presente nos Salmos, por "estremecer de Adonai, princípio do saber", pois ele próprio teria sentido este estremecimento em presença do "numinoso", ao mesmo tempo terrível e fascinante, que se manifestou a ele quando estava próximo daquela que foi considerada a Bem-amada do Cristo Yeshua.

O estremecimento amoroso diante da beleza do Outro, seja um corpo carnal, um corpo cósmico ou o corpo invisível e luminoso da divindade, é fonte de conhecimento, "arrepio", cabelos em pé ou êxtase profundo, o Todo Outro está precisamente aqui, o Inalcançável e Incompreensível é exatamente assim.

O que fazer, o que dizer, então? O que desejar, senão entrar mais profundamente naquilo que esse estremecimento anuncia: adentrar a câmara nupcial, conhecer por conaturalidade, por participação, viver a unidade da união.

4.
"Leva-me, corramos!"

No caminho do amor há várias etapas ou diversos climas.

Em um primeiro momento, queremos ser amados, "tomados", "possuídos", queremos pertencer a alguém, ser seu único, seu ou sua preferido(a), seu eleito(a).

Em um segundo momento, após a provação da separação, tornamo-nos capazes de amar o outro por ele mesmo e de amá-lo o suficiente para deixá-lo livre para ir "em direção a si mesmo", assim como ele nos deixa livres para irmos em direção a nós mesmos, para podermos encontrá-lo em nossa verdade, nossa ipseidade, aquilo que nos diferencia dele.

No final do Cântico, nós nos tornaremos até mesmo capazes de amar o outro, não apenas por nós ou por ele próprio, mas para que ele realize sua missão, que é amar incondicionalmente e sem limites todos os outros, sem esquecer a relação privilegiada que é, ou que foi, a nossa.

O caminho das metamorfoses do Amor é longo e belo, mas cada etapa pede para ser assumida. Elas podem ser resumidas em três palavras: "Vem!", "Vai para ti", "Vai!" São também três etapas da vida mística: primeiro pedimos a graça da união; pela intimidade dessa união nos tornamos capazes de amar a Deus por Ele mesmo, pela sua alteridade incompreensível e inalcançável; por fim, nós o amamos "pelos outros", sem mais nada pedirmos para nós mesmos e intercedemos para que as graças da união ou da unidade sejam concedidas a todos.

Neste versículo 4, no ponto onde estamos, nosso desejo é o desejo de sermos "atraídos", *mashakhen*, "tomados", "possuídos", é o desejo de pertencermos totalmente a alguém.

O Amor verdadeiro jamais possui alguém e YHWH/Deus; se ele é Amor, não pode ter "possuídos", pois Ele é libertação, mas há algo no homem que tem medo dessa liberdade – Será por esta razão que ele vende tão facilmente "sua alma ao diabo" e cultiva esse estranho prazer sadomasoquista de possuir e ser possuído, de fazer do outro ou de si mesmo, objeto de cobiça?

"Prende-me", não devemos negar esse desejo, por um Deus, um homem, uma mulher, um espírito que nos possua, assim nos dispensando, dizia Dostoievski, do "fardo da nossa liberdade". Mas também é dito "corramos", *narout sah*, "vamos juntos na mesma direção", o Bem-amado e a Bem-amada correm juntos em direção ao Terceiro que habita no meio, no antes e no depois de si mesmos; eles correm e caminham rumo ao Amor.

"Amar-se não é olhar um para o outro, é olhar juntos na mesma direção"[17]; eles olham juntos para a câmara nupcial, para o lugar que simboliza a união ou a unidade perfeita. É ali onde, um e outro, rei e rainha, mestres do seu desejo, são conduzidos.

"O Rei me conduz aos seus apartamentos, ao seu quarto, rumo aos júbilos, à alegria." É bom lembrarmos essas passagens do plural ao singular, do múltiplo ao um.

"Há várias moradas na casa do meu Pai", dizia Yeshua. Há várias religiões, diversas tradições espirituais, mas talvez haja apenas uma câmara, uma única vida íntima e mística, um mesmo estado de união e de unidade, aos quais conduzem todos esses apartamentos, esses "pertencimentos" ricos e diversos.

Se nossas religiões ou nossas práticas meditativas e espirituais não nos conduzirem ao Amor, a este estado de unidade e de união, para que servem? Não passam de castelos de cartas ou de areia.

"Não há outras realidades a não ser a Realidade", as formas múltiplas manifestam o Um; é preciso saber abençoá-las sem nos determos nelas. Como disse Tereza d'Ávila em seu *Castelo interior*[18], alguns apartamentos, algumas aparências ou aparições são sedutoras, mas o

---

17. SAINT-EXUPÉRY, A. *Terra dos homens*. Ed. José Olympio, 1965.
18. O *Castelo das moradas* (ou *Castelo interior*) é uma obra de Santa Teresa d'Ávila (1515-1582) escrita em 1577 como guia para o desenvolvimento espiritual através da oração e do serviço [N.T.].

mestre do nosso desejo nos aguarda no quarto, oculto no mais íntimo do nosso ser.

É preciso saber passar também dos "júbilos à alegria", não se deter em certos prazeres ou desfrutes – todas essas felicidades que dependem de uma causa externa – para chegar à alegria sem objeto sensível ou inteligível, a própria Beatitude, onde todos os desejos, todas as felicidades, todas as alegrias são participações – participações sensíveis à Beatitude: é isso que chamamos de prazer; participação psíquica à Beatitude: é isso que chamamos de felicidade; participação noética e espiritual à Beatitude: é isso que chamamos de alegria.

Nós podemos conhecer a alegria sem saborear nem a felicidade nem o prazer, mas isso ainda não é a Beatitude, ela não depende de nada além de si mesma; ela é Vida infinita, unidade pura. É rumo a essa unidade, além de si mesmo, além do que podem sentir, imaginar ou pensar, que correm os amantes. Mas a tentação de parar no caminho é por vezes grande, assim como a tentação de chamar de Luz, Deus ou Amor aquilo que não passa de um maravilhoso reflexo dessas realidades.

No entanto, "como é justo amar, a embriaguez do amor é mais sensata, mais doce do que o vinho"; mesmo que às vezes ela pareça ser uma loucura, não existe nada mais sensato do que amar.

Mais do que animais capazes de razão, nós somos seres humanos capazes de amor, e privar-se (castrar-se) dessa dimensão é privar-se daquilo que faz de nós seres verdadeiramente humanos. Morrer sem ter amado é como morrer sem ter nascido; o drama do ser humano é por vezes "morrer sem ter vivido".

Pascal dizia que Deus está além da razão, Ele não está contra. O mesmo é válido para o amor. Não há problema em aguardar a idade da razão; mas talvez devêssemos ultrapassar essa idade da razão, crescer ainda mais para chegarmos à idade do amor não apenas sensato, mas do amor gratuito, incondicional, à idade de amar como Deus ama. Não se trata nem de permanecer jovem nem de ficar velho, mas de descobrir que, se amamos, somos eternos, pois se tudo passa, se tudo nos é tirado pelo tempo e pela morte, aquilo que demos não pode mais nos ser tirado.

Dar a sua vida é a única maneira de preservá-la. "Como é sábio amar."

A sóbria embriaguez do amor que vem da calma nos libertará de toda nossa antiga embriaguez. Só nos libertamos de um amor através de um amor ainda maior; é o desafio de toda fidelidade viva: "Eu te amo mais do que ontem e menos do que amanhã", antes de te amar "nem mais nem menos": eternamente, o mais e o menos estão sempre no tempo.

Quem é este Rei que nos conduz através dos seus apartamentos, para o seu quarto, para o lugar da união, da unidade? Sempre é bom nos perguntarmos quem reina sobre nós e o nosso desejo. Quem o orienta e o guia? Durante a maior parte do tempo, é o nosso passado, nosso inconsciente, que reina sobre nós, e não temos certeza se esse rei nos conduzirá à paz e à não dualidade.

Ele pode ser um personagem externo: homem, mulher, guru, papa, pai, mãe etc., personagem a quem damos o direito e a autoridade sobre nós e a nossa consciência. Ele também pode ser o nosso ego, nossa própria vontade de poder. Quem instituiremos como mestre do nosso desejo, senhor das nossas vidas? Quem é o rei?

Para o Cântico, este é o Bem-amado, aquele que nos ama, o Amor infinito, aquele que nos liberta de qualquer outro poder. Os judeus o chamarão de YHWH/Adonai, os cristãos de Yeshua/Cristo; o Evangelho se mostra radical e com ciúmes da nossa liberdade quando diz: "Não chamai ninguém de rei". "Não chamai ninguém de pai ou mestre, um único é Rei, Pai, Mestre".

Não dê a ninguém sua liberdade, a não ser ao Ser que É o que Ele É, ao Amor infinito que se revela através do semblante amado daquele que chamamos de Senhor ou nosso Deus.

Nós somos feitos para o Infinito, e ninguém mais deve reinar sobre nós, pois ninguém mais pode nos dar a paz. "Tu nos fizeste para ti, Senhor, e nosso coração estará sem repouso antes de repousar em ti" (Santo Agostinho).

O Amor, quando reina como rei e senhor em nós, nos abre ao Infinito e não permite que nossos braços, nossa inteligência, nosso coração, fechem-se sobre um ser finito, mas, através deste ser finito, se ele for "bem-amado", nós permaneceremos no aberto.

5.

> A noite me feriu.
> Sou negra, no entanto, sou bela, filhas de Jerusalém.

Não devemos ficar nus diante de qualquer pessoa, diante de alguém que se aproveitaria da nossa nudez para afirmar seu poder. Só podemos nos mostrar nus diante do amor; daí a importância de saber quem é o nosso mestre e senhor, aquele que só busca nos "amar bem".

"O amor é um estado de confissão", disse Gabriel Marcel. Podemos nos mostrar nus, tal como somos, apenas diante do outro de quem não duvidamos de que ele nos ame como somos. Podemos confessar, então, "que vivemos"[19].

A noite nos feriu; para a leitura judaica, trata-se da noite do exílio, e, para a leitura de Orígenes e dos Padres da Igreja, da noite do pecado ("ao largo"[20] da presença divina; viver como se Deus não existisse, exilado da nossa própria essência).

Qualquer que seja a noite, cada um tem sua parte de sombra; nossa pele foi dilacerada e ficou escurecida pelas provações e errâncias do tempo.

---

19. Referência à autobiografia de Pablo Neruda: *Confesso que vivi*. Ed. Bertrand Brasil, 1977 [N.T.].
20. *Hamartia*, pecado: visar ao largo, errar o alvo, estar fora de si, sem eixo.

Na presença do amor, a Bem-amada pode se revelar como ela é, com suas feridas e imperfeições; ela ousa mostrar ao outro seu perfil ruim. A palavra "negra" aqui não se refere a uma raça ou a uma cor de pele, mas a um estado de ser no qual confessamos nossas sombras íntimas, nossa tristeza recorrente, nosso desespero oculto, nossa evanescência – "lama da lama, tudo é lama" (Qohelet); eu não sou nem um pouco amável e, no entanto, "eu sou bela".

A Bem-amada confessa sua sombra, ela confessa também a sua luz, ela se mostra inteiramente naquilo que ela considera como positivo ou negativo. O amor tirou-lhe toda vergonha, ela sabe que o olhar do Bem-amado não a identificará às suas imperfeições e aos seus traços e características obscuras que foram deixados, em seu corpo e sua alma, pelos acontecimentos do seu passado.

Podemos mostrar nossa fraqueza diante de alguém que não se aproveitará delas para afirmar sua força, mas para afirmar sua paciência, sua ternura; e, novamente, é preciso nos perguntar quem é nosso Deus, nosso Senhor, nosso Bem-amado?

Um ser diante de quem nos escondemos, diante de quem temos vergonha de estarmos nus, de sermos imperfeitos, nada? Ou um ser diante de quem podemos nos mostrar tal como somos: nada, imperfeitos e nus? É nesse olhar que estão nossa beleza e nossa existência.

As filhas de Jerusalém são invocadas como testemunhas; se não nos escondemos diante do nosso Senhor, se temos confiança em seu amor, podemos ser nós mesmos também com os outros.

"Eu não temo nada quando tenho certeza de ti." "Eu sou negra, eu sou bela", obscura e luminosa, à imagem desse obscuro e luminoso silêncio de onde vem e para onde vai tudo aquilo que vive e respira, "como as tendas de Quedar", as tendas dos beduínos, queimados, escurecidos pelo sol e pelos ventos, "como os véus de Salomão"; esses véus que envolviam a tenda de Salomão, esses estandartes enrubescidos e claros. Não há relação alguma com a "negritude loura" dos surrealistas que serviam de divertimento ao rei.

A Bem-amada pode continuar, em toda lucidez, a desvelar seu passado e seu afastamento da sua verdade e do seu mistério, onde o amor a reconduz, como após um longo e doloroso exílio pelo qual ela reconhece ser responsável.

6.

> Não vos inquieteis de minha tez trigueira,
> é o sol...
> Os filhos da minha mãe me expulsaram.
> Eles fizeram de mim
> guardiã das vinhas.
> A minha vinha,
> eu não a guardei.

Não apenas a Bem-amada reconhece e desvela sua negritude, *she'orah*; ela se descobre escurecida, mais do que negra, queimada. A palavra *she'oreh'oret* em hebraico é complexa, não apenas ela pode significar "negro, enegrecido, escurecido, pele queimada", mas também "buraco", *h'our*, "esburacada, maldita". Será que ela estaria conscientemente se depreciando ainda mais: "Eu não sou nada, um buraco, nada"? Nós nos lembramos da definição de mulher segundo Houellebecq, "um grande vazio em volta de um buraquinho". Será preciso ser nada para que o Outro (humano, cósmico, divino) seja tudo? Isso não seria, falando claramente, uma "maldição", um "mal dito"?

A Bem-amada diz para o Bem-amado não se inquietar – negra, enegrecida, esburacada, maldita –, pouco importa se sou amada como eu sou e se é preciso encontrar razões à minha negritude e ao meu nada, é o sol todo-poderoso que devo acusar, ele que reduz a nada tudo que ele queima.

A leitura tradicional dos rabinos verá na tez queimada da Bem-amada as consequências da sua idolatria. Ela se desvia do único Ser que É, pois Ele dá o Ser a todos os seres. Sem dúvida, ela se entregou a alguns cultos solares tomando suas mais belas criaturas pelo próprio

Criador, e é por essa razão que seus irmãos, os guardiões da Torá, guardiões da Lei, a expulsaram como sendo uma ímpia, pedindo-lhe para que cuidasse de si mesma, para que ela guardasse a sua vinha.

A vinha é um símbolo da árvore da vida, mas é também símbolo de Israel, terra dos vinhedos, símbolo da sabedoria de Sirácida, na qual o "Messias é como uma vinha". A Bem-amada não cuidou do Messias, do "Eu Sou" que está nela. Ela o busca fora de si e descobre que Ele também estava dentro dela.

"Eu sou a vinha, vós sois os sarmentos, meu Pai é o vinhateiro" (Jo 15,5), dirá Yeshua, sem detalhar que o Espírito é a seiva que une o sarmento ao cepo e que, juntos, eles formam uma única e mesma vinha.

A tradição cristã verá nessa ausência de cuidado para com o Logos que nos habita, a causa da nossa decadência e da nossa aniquilação. Em contrapartida, "aquele que guarda minha palavra (Logos) terá a vida eterna" (Jo 5,24). Pois o fruto da vinha, seu segredo, *sod*, é o vinho ou ainda "a água da vida".

Em um primeiro sentido, a vinha é a expressão vegetal da imortalidade; em gaélico a palavra *whyskey* quer dizer *water of life*[21], "minha vinha eu não a guardei". Eu não cuidei desse pedaço de universo que me foi confiado. Essa "parte do todo", que é o meu próprio corpo, minha consciência, minha afetividade. Talvez eu tivesse necessidade do outro e do seu olhar benevolente para começar a existir de verdade, não apenas me submeter à lei dos meus irmãos e da minha religião, mas por amor, amar o que o outro ama; nem um buraco, nem uma maldição, nem uma sombra: um corpo, uma alma, uma consciência na qual o Bem-amado, o Ser/Amor encontra seu prazer, sua alegria e seu repouso.

Como eu poderia amar em mim o que nunca foi amado? Rilke dizia que nós somos crápulas ou monstros que aguardam o olhar

---

21. "Água da vida", no original em inglês no texto [N.T.].

feliz do amor para virarmos príncipes encantados que nunca deixamos de ser[22].

Nesse estado de confissão, de nudez, de confiança aonde a conduziu o Ser/Amor, a Bem-amada pode então pedir a iniciação, o conhecimento do repouso, essa invencível tranquilidade do coração, esse *Shalom* que ecoa nos nomes de *Shalomon* (Salomão) e da sua *Shulamite* (Sulamita).

7.

>Dize-me, tu, que meu coração ama (*chè ahava nafchi*)
>onde levarás teu rebanho a pastorear,
>onde será teu repouso na hora do meio-dia,
>para que eu não tenha que me cobrir (*ke otya*)
>à aproximação dos teus companheiros?

Sem sequer nos referirmos ao texto da Septuaginta e ao da Vulgata, que traduzem um texto hebraico mais antigo (século II a.C.) do que o dos Massoretas (século X), é surpreendente ver as variedades de tradução existentes em francês:

Bíblia de Jerusalém

>Dize-me, ó tu, a quem ama a minha alma: Onde apascentas o teu rebanho, onde o fazes descansar ao meio-dia; pois por que razão seria eu como a que anda errante junto aos rebanhos de teus companheiros?

---

22. A respeito da tez negra – enegrecida ou escurecida da bem-amada –, a visão da Vulgata traduziu: *Nolite me considerare quod jusca sim quia decoloraoit me sol* (Não me desconsiderai, pois sou morena porque o sol me descoloriu.) O sol nos "bronzeia" ou nos "descolore"? Os dois talvez, mas os comentários serão diferentes se escolhermos "descolorir". A característica própria do sol não será mais a de nos dar cor, mas a de nos fazer perder a nossa cor (cf. Claudel).

TEB (Tradução Ecumênica da Bíblia)

> Explica-me, então, meu querido, onde apascentarás, onde tu farás o repouso ao meio-dia, para que eu não tenha o ar de uma marafona perto do rebanho dos teus camaradas?

André Chouraqui

> Dize-me, tu que eu amo, como apascentas,
> como te deitas ao meio-dia,
> pois por que estaria eu velada
> junto aos rebanhos dos teus amigos?

Bíblia Bayard

> Conta onde é o prado,
> tu que eu amo,
> lá onde conduzes teus animais,
> como fazes repousá-los ao meio-dia,
> não estarei mais perdida
> no meio dos rebanhos dos teus amigos.

A Bem-amada é mulher perdida, marafona, errante ou velada?

Essas variações de tradução dão por vezes vertigem àquele que gostaria de "capturar" a verdade na letra.

A verdade ou o espírito não estão fixados na letra, a letra é apenas um eco da verdade, uma brasa que revela uma chama bem diferente segundo o sopro daquele que a atiça. O retorno à letra hebraica é também uma ilusão. O jogo de vogais chama transliterações muito variáveis (cf., p. ex., as de Lalou-Calame e as de Trigano-Vincent[23]).

O mesmo é válido para o Corão; trata-se de traduções, ou melhor, interpretações daquilo que o Profeta disse (transmissão oral),

---

23. LALOU, F. & CALAME, P. Op. cit. • TRIGANO, P. & VINCENT, A. *Le Cantique des Cantiques ou la psychologie mystique des amants* [O Cântico dos Cânticos ou a psicologia mística dos amantes]. Réel Éd., 2007.

mas qual é o "verdadeiro Corão", o dos sunitas ou dos xiitas, o de Ali ou de Abu Bakr?

A própria palavra do Profeta é a transcrição e a interpretação daquilo que ele acreditou ouvir, vindo da boca do Silêncio, que ele chamará de Alá e que será traduzido por Deus ou por um outro Nome.

Tudo isso para dizer que não se trata de fazer do livro e da sua letra um ídolo, de divinizá-los e fazer deles "a palavra de Deus". Nós não somos "as pessoas do livro", mas "as pessoas da interpretação". O texto inspirado não nos é dado finalizado, pronto para ser dito e pensado; ele convoca nossa liberdade.

"Nós somos condenados a ser livres", ou seja, condenados a interpretar, mas "condenados" não é a palavra justa ou não passa de uma interpretação depressiva da liberdade. Nós somos "convidados" a ser livres, ou seja, nós somos convidados a interpretar (seja o livro, a letra, os acontecimentos da nossa vida, os sintomas das nossas doenças, o luto e o encontro, mas também nossas ondas e partículas que "variam" segundo o olhar que pousamos sobre elas (cf. o princípio da incerteza de Heisenberg). Se há um livro que é convite (eu ia escrever tentação) a ser interpretado, este é o Cântico dos Cânticos, daí a variedade de traduções que nós evocamos.

Bem-amada: marafona, vagabunda velada, errante, perdida? Trata-se da palavra *he otya* (Lalou) ou *otheyah ke* (Trigano) que os tradutores inspirados pela Vulgata vão traduzir por "errante" (marafona, perdida) ou, segundo o Targum, por "velada" ou "vestida de modo ridículo", alusão ao véu das hierodulas ou prostitutas sagradas.

O que a Bem-amada pede nessa hora do meio-dia, que é a hora da plena luz, na qual as sombras são banidas? Ela pede para ela mesma estar nesta luz, una e nua, "desvelada"; ela pede seu apocalipse, sua revelação (literalmente, desvelamento). Ela não quer esconder mais nada, pois é apenas na aceitação da sua verdade que ela poderá conhecer o repouso, reunir o seu rebanho de pensamentos, desejos e emoções, neste "centro" íntimo e compartilhado, que o Cântico vai chamar de "granja dos pastores".

A resposta do Bem-amado descreve as etapas de uma iniciação:

8.

Se tu a ignorares,
a bela dentre as mulheres,
sai,
escuta os sinais,
conduz tuas cabras
rumo à granja dos pastores.

O Bem-amado chama sua Bem-amada de "a bela dentre as mulheres", "cheia de graça, bela entre todas as mulheres", e ali veremos o sinal da sua eleição. Não é este o sonho de todas as mulheres: ser a escolhida, ser a preferida entre todas as mulheres que seu amante conheceu ou poderia ter conhecido? Essa eleição lhe dá sua identidade, a expressão *hauyaphah ba nashim* literalmente evoca a bela ou a beleza "na" (*ba*) mulher. O amante reconhece em sua Bem-amada uma teofania, a Beleza que se fez mulher. Ele parece duvidar da sua ignorância, como se ele só pudesse ensinar-lhe o que ela já sabe; tirar-lhe seu véu significa apenas revelá-la a si mesma.

"Sai." Sai do conhecido, daquilo que conheces de ti, daquilo que os outros conhecem de ti e "vai em direção a ti mesma", é o *Lekh-lekha* do capítulo II, é preciso sair de si para entrar em si. É a palavra que já foi dirigida a Abraão: "Sai do teu país, da casa do teu pai e vai em direção a ti mesmo" (Gn 12,1).

Fílon de Alexandria e os Padres, um pouco platônicos, interpretarão sem dúvida rápido demais este "sai" como sendo uma saída da linguagem (a língua materna ou a língua dos nossos pais) e do pensamento ordinário para entrar no Silêncio, no Desconhecido que nós somos para nós mesmos. Nossa transcendência imanente, que eles chamam *O Théos*, o Fundo, Deus e Senhor de nossas almas. Mais prosaicamente, sair do conhecido é sair da doença, dos sintomas que nos lembram nossa evanescência e nossa mortalidade. Doença, em hebraico, se diz *mahala*, cuja raiz *mahal* quer dizer "círculo"; estar doente é fechar-se em um círculo, ficar dando voltas, girando em roda, fechar-se em seu "ser-para-a-morte"[24], esta seria a doença do ser humano.

"Sai" seria dizer, então, "abre-te", abre teu ser finito e mortal ao Ser infinito e eterno; apenas o amor pode realizar esta abertura ou este milagre.

Amar é sair de si mesmo para encontrar-se enriquecido e fecundado pelo encontro, é ver-se com outros olhos; se os olhos do amante forem os olhos do amor, eles estarão próximos do "olhar de Deus", que vê que tudo o que Ele criou é "bom" e "belo" (*tov*; cf. o Livro do Gênesis).

"Sai", é a palavra que Yeshua dirige a seu amigo Lázaro. "Sai" do túmulo, desse pacote de memórias que tomas pela tua verdadeira identidade. "Sai" desse falso eu, desse eu apenas mortal. Não nascestes apenas para morrer, para girar em círculos, como diz o Cântico a respeito daqueles que fazem "um pequeno *tour* e depois se vão".

"Sai daí" – essa é também a palavra do terapeuta àqueles que ficam presos no visco e se fecham complacentemente em situações que serão objeto de queixa posterior. "Sai", "Vai mais longe"; "Um passo a mais", *ultreia* – essa é a palavra dos peregrinos que sabem que jamais chegaremos; jamais chegaremos a amar totalmente; nosso aprendizado é infinito.

"Escuta os sinais". Os sinais, segundo as interpretações tradicionais judias e cristãs, são os textos sagrados, os sinais deixados pelos sábios, os santos e os profetas, todos aqueles que deram testemunho do seu encontro com YHWH/Deus como tendo sido o encontro de

---

24. HEIDEGGER, M. *Ser e tempo*. Ed. Vozes, 2014.

um Amor real, Realidade de todas as realidades. Mas em cada um de nós há traços e sinais não escritos ou escritos no sangue, por vezes feridas, que atestam que o Amor nos tocou, que a sua realidade não é apenas uma esperança ou um sonho, mas uma Presença que nos despedaça, nos liberta, nos ilumina ou nos enobrece.

Há todas essas horas estreladas da nossa existência que nos dizem que a noite nunca é menos negra do que quando ela é plenamente negra e que somos habitados, trabalhados por esta luz, que nada nem ninguém poderia ver.

"Sai". "Escuta [...] conduz tuas cabras rumo à granja dos pastores." O homem é o pastor do Ser, ele deve cuidar da sua vinha, desse pedaço de universo que lhe foi confiado, este espaço também existe nele, junto às vinhas, aos prados e aos desertos onde correm, sem ordem, seus animais dispersos.

Aqui são mencionadas cabras ou cabritos, esses animais que não param de dar saltos e de pastar; bela imagem para os pensamentos, desejos, emoções que não param de saltar em nós e nos dispersar.

Após "o passo além" do conhecido e a escuta, o Bem-amado parece convidar sua Bem-amada a se "re-centrar", a se reunir em um ponto central, onde o rebanho deixaria de se agitar (a cada um suas cabras; sua maneira de se dispersar e de se perder, pastando algumas ervas raras entre os pedregulhos). Uma vida que não tem sentido é uma vida que não tem centro; o centro aqui é o coração, "a granja dos pastores".

"Tende um coração e serás salvo" e tu terás um centro, tu verás todas as coisas através do teu coração. Ou seja, tu verás todas as coisas à luz do Amor, de sua unidade e de sua diferença. O um e o múltiplo indissociavelmente religados serão o objeto do teu louvor e do teu repouso.

Tu conhecerás a *hesychia*, a *Shalom*, que é o segredo do teu nome *Shulamit*, doce esposa de *Shalomon*, louca Sabedoria, fundamento da

Yerushalaim[25] por vir, pois ele virá, o *Messiah* no corpo do homem e da mulher que se amam.

"Um passo a mais", escuta mais profundamente ainda, reúna-se, esteja centrado no coração e estarás pronto para realizar tua tarefa ou tua missão, estarás pronto para te atrelares ao carro do Faraó.

9.

> Minha Bem-amada,
> égua atrelada ao carro do faraó.

Pode parecer estranho comparar sua Bem-amada a uma égua ou, mais literalmente, a uma jumenta, pois este é o sentido da palavra hebraica *oussati*, mas para um oriental rico, um "puro-sangue" é frequentemente mais precioso do que a mais bela mulher do seu harém. Comparar sua Bem-amada a uma jumenta é o mais belo dos elogios, mas o que parece ainda mais estranho é que essa jumenta ainda selvagem, essa égua, esteja "atrelada ao carro do faraó".

O faraó, para um hebreu, é a própria imagem do *shatan*, é o mal e a perversidade encarnados. Como a Bem-amada poderia lhe ser submissa?

No Cântico, não se trata de submissão da Bem-amada. Pelo contrário, ela deve treinar o faraó na sua corrida, em seu movimento rumo à outra margem; ou seja, à sua páscoa. (Lembremo-nos que o Cântico, nas liturgias judaicas e cristãs, é lido particularmente na época pascal e, a cada sexta-feira, na abertura do *shabat*, alcançamos essa outra margem do tempo: o repouso, a *shalom*, inefável. Haveria aí um pressentimento daquilo que ensinará e encarnará Yeshua de Jerusalém[26]: o amor pelos inimigos?

---

25. Jerusalém em hebraico [N.T.].
26. Pois é exatamente assim que nós podemos chamá-lo, melhor do que Jesus de Nazaré ou "Galileu", pois é em Jerusalém que Ele ensinou, que Ele

Em um nível mais psicológico, o que parece ser a tarefa da alma amorosa graças à energia e ao poder do seu amor, é afrontar, ou melhor, atrelar-se à sua sombra, ao seu inimigo interior. Podemos, então, chamar o faraó de ego, medo ou dúvida. Se a psique (a alma) não se atrelar a essa tarefa com a veemência de uma égua, ela permanecerá escrava do faraó, submissa ao seu inconsciente; ela não encontrará o Rei que a libertará de todas as suas correntes e diante de quem ela poderá derramar o seu nardo.

No Livro do Êxodo está escrito que haverá guerra e inimizade perpétuas entre YHWH/Deus e *Amalek* (um outro nome para o faraó ou o "terror"), pois *Amalek* simboliza aquele que nada teme, que não tem nenhum respeito para com YHWH, o Ser que é e que faz ser tudo aquilo que é. Ele mata os doentes, os exaustos, os fracos, as mulheres grávidas do campo de Israel.

Assim, em Nome de YHWH, podemos, ou melhor devemos, matar *Amalek* e aqueles que, tanto hoje quanto ontem, perpetuam suas obras no mundo. Foi dessa maneira que Baruch Goldstein o compreendeu na história recente. Tendo visto uma mulher judia grávida ser estripada por um palestino, para ele será como cumprir uma *mitzvah*, um dever sagrado, um mandamento, atirar contra palestinos em oração na caverna dos patriarcas em Hebron. Rabinos extremistas, igualmente inspirados por uma determinada interpretação das Escrituras, pediram a Yigal Amir que, em nome de YHWH/Deus, matasse o inimigo, o perverso político que desta vez pertencia ao seu próprio povo: Yitzhak Rabin.

Novamente, devemos nos interrogar sobre nossa maneira de interpretar as Escrituras e não negligenciar a sua leitura "interiorizada" (esotérica ou cabalista, dirão com desprezo os detratores). No en-

---

sofreu, que Ele foi condenado à morte e enterrado. Foi em Jerusalém que Ele ressuscitou, fazendo desse lugar um lugar único na história; ali onde, apesar das aparências sempre contrárias, o amor revelou-se mais forte do que a morte. Cf. LELOUP, J.-Y. *Dictionnaire Amoureux de Jérusalem* [Dicionário Amoroso de Jerusalém]. Plon, 2010.

tanto, é interessante observar em quais circunstâncias *Amalek* (o faraó), o *shatan* encarnado, aparece no Livro do Êxodo. Quando Israel está corroído pela dúvida sobre seu próprio destino, ele se pergunta: "Deus está entre nós?" Como se essa dúvida interior provocasse situações exteriores para justificá-la.

Amalek e suas ameaças podem fazer Israel "duvidar" da sua perenidade e da sua existência. Vendo por esse ângulo, não seria *Amalek* a dúvida interior de Israel, sua sombra íntima, que se projeta no exterior?

Os cabalistas observarão que, em hebraico, as palavras *Amalek* e *Saphek*, "a dúvida", têm o mesmo valor numérico: 240.

O que o Cântico ainda quer nos dizer ao nos convidar, assim como ao Bem-amado, a nos atrelarmos ao carro do faraó?

Não estaríamos nos atrelando às nossas sombras e aos nossos demônios internos, a todos os medos, violências e perversidades? (A cada um seu faraó; cada um sabe o que o tiraniza, o que o impede de fazer o bem que ele quer e lhe faz fazer o mal que ele não quer.)

O medo de amar e a dúvida recorrente, lancinante, que nos faz duvidar de todo amor e nos faz crer que este jamais será possível, é facilmente justificável por toda as aventuras ou fracassos amorosos que possamos ter vivido e pelos quais tão facilmente responsabilizamos o outro.

Se não nos atrelarmos a essa tarefa – de uma lucidez transformadora para com nossas dúvidas e nossos medos incessantemente justificados por causas externas – permaneceremos impedidos de amar, o amor será cada vez menos possível, ele se revelará como submissão e escravidão e os faraós externos não tardarão a aparecer.

Mas o encontro com um verdadeiro Rei, um Senhor que não busca nos dominar nem nos submeter, pode despertar em nós aquilo que temos de melhor e mais livre: uma égua, uma energia forte e selvagem que, após ter sido confrontada com as sombras da sua noite espessa, liberta-se das suas atrelagens e influências.

"Amar seu inimigo", seu faraó exterior ou interior, não é comprazer-se nele. O amor é o contrário da complacência, é reconhecê-lo pelo que ele é: um ser que não nos ama, que não quer o nosso bem e, em todos os casos, é necessário nos abstermos de alimentar sua violência. Ele tem o direito de não nos apreciar, isso não nos impede de amá-lo, não como um amigo, mas como um inimigo que nos força à vigilância e ao discernimento, por vezes à distância e ao afastamento, e é dessa forma que ele merece nosso reconhecimento, até mesmo nossa gratidão.

Após ter reconhecido a força desta que está pronta a suportar tal provação (experiência) e a "atrelar-se" a tal tarefa, o Bem-amado pode celebrar seu charme e sua beleza.

10.
>Tuas faces...
>Beleza entre os cachos dos teus cabelos,
>teu pescoço envolto em colares...

Assim tem início o inventário das belezas do corpo da Bem-amada: as faces, o pescoço, os olhos.

O Bem-amado começa contemplando seu rosto, ele vai se demorar mais tarde em seus seios, o ventre, os pés...

"Tuas faces", símbolo de vitalidade, mas também expressão dos sentimentos e das emoções que habitam a alma. Os Padres da Igreja enfatizarão a jovem que enrubesce e assim manifesta o seu pudor.

O texto se contenta em dizer que elas são belas, *havou leh'ayayikh*. É pelas faces que reconhecemos a saúde ou a doença (faces encovadas) de alguém, mas também a sua nobreza (as maçãs do rosto elevadas). Os "cachos" nos indicam que a Bem-amada não tem cabelos lisos, mais à frente nos será dito que sua cabeleira ondula como um rebanho de cabras sobre suas faces, seu pescoço, suas costas...

O pescoço é um órgão importante, ele faz o elo entre a cabeça e o coração; por meio dele uma palavra pode se expressar e ser transmitida pelo sopro.

O pescoço é também o assento da primeira articulação do corpo humano. A primeira articulação pela qual se manifesta a vida no recém-nascido e a última no moribundo. A tradição hebraica fala do homem e do povo de nuca dura para indicar a má comunicação entre o coração e o espírito, a falta de flexibilidade necessária para a livre circulação do sopro e da vida.

O pescoço da Bem-amada tem aspecto suave e ágil entre os colares, colares que supõem um pescoço suficientemente esguio e elegante para portá-los.

11.

> Nós faremos para ti
> pérolas de ouro, incrustadas de prata.

Seria necessário nos demorarmos mais longamente sobre o simbolismo do colar, da pérola, do ouro e da prata. Cada detalhe é um adereço que valoriza a beleza da Bem-amada. A pérola é um símbolo lunar ligado à água e à mulher. Segundo algumas terapias (particularmente na Índia), o pó de pérola teria propriedades regenerantes e afrodisíacas. Um colar de pérolas é o emblema do amor e da fidelidade.

Entre os gnósticos, a pérola é, ao mesmo tempo, o símbolo do homem primordial e do homem transfigurado, luz por dentro e por fora (cf. *Le chant de la perle* [O canto da pérola]. Actes de Thomas).

As pérolas, reunidas por um fio, simbolizam a unidade cósmica do múltiplo – tudo está religado e cada ponto de transparência reflete todos os outros. Quando o colar se parte, é a harmonia do um e do múltiplo que se quebra.

O amor é aquilo que nos faz reencontrar o fio que religa todas as coisas (o Logos, dizia Heráclito antes de São João). A Bem-amada, pela esbeltez e maleabilidade do seu pescoço entre os colares, dá testemunho dessa harmonia que inspira o amor e que encontramos igualmente entre o ouro e a prata.

Na época da redação do Cântico, conhecia-se bem esse sistema de correspondência que existe entre os metais e os planetas; a prata está associada à lua, o ouro ao sol.

Para Gregório de Elvira, a prata é a sabedoria, o ouro é o amor divino; duas qualidades que parecem iluminar os dias e as noites da Bem-amada: sol e lua, masculino e feminino, amor e conhecimento não estão separados.

12.
> Em presença do Rei,
> meu nardo exala seu perfume.

Estamos em presença do Rei, e não do faraó. Como reconhecer que estamos na presença do nosso Rei ou Senhor bem-amado? Em sua presença podemos revelar nossa essência, exalar nosso perfume, derramar nossa fragrância, ser totalmente nós mesmos, nós podemos "respirar".

Na presença de um amante dominador, "faraônico", não podemos nos expressar, não podemos ser nós mesmos, não podemos abrir nossas asas, sufocamos. A presença do tirano corta nosso sopro, a palavra e as asas, enquanto a presença do Rei bem-amado nos abre as asas, nos dá a palavra e nos faz "respirar ao largo" (*iesha*, "ser curado, salvo" em hebraico, que dará origem ao nome de Yeshua).

Quando Myriam de Magdala encontra Yeshua na casa de Shimon o Perushim (Fariseu), ela derrama seu perfume, assim como ela o derramará sobre seus pés antes dele entrar em sua paixão, "um nardo de grande preço"; Judas, assim como Shimon, não suporta essa generosidade que se derrama, esta liberdade que abala sua nuca dura.

Na presença do amor, o coração pode se quebrar e quebrar suas correntes, derramar o seu perfume, ele está livre; a vida, o amor, a verdade nos libertam. A dúvida, a mentira e a suspeita nos alienam, nos estreitam e nos fecham.

13.
> Meu Bem-amado é
> um buquê de mirra.
> Ele dorme entre meus seios...

A mirra, que dará o seu nome à Myriam, assim como às portadoras da mirra[27] – tem como missão carregar um perfume cuja virtude é a de conservar e embalsamar os corpos mortos, é um perfume de eternidade.

A lembrança do Bem-amado, do Amor que jamais faltará, é um buquê de mirra. A invocação do seu Nome, a evocação da sua presença, recoloca nosso "ser-para-a-morte"[28] na eternidade, nossa forma finita no Infinito.

Assim como Yeshua dormia no fundo da barca no meio da tempestade, "Ele dorme entre meus seios".

A Presença de "Eu sou" está ali, quaisquer que sejam as tormentas e as ondas que agitem nossa vida e sua frágil embarcação.

Os anciãos viam neste buquê de mirra a oração do coração, a rememoração do Nome e, através dele, da presença infinita e eterna daquele que elegemos como "Nosso" Senhor.

---

27. *Myrrophores* em francês. Não há tradução para esta palavra em português [N.T.].
28. HEIDEGGER, M. *Ser e tempo*. Op. cit.

Em um nível mais humano, um buquê de lavanda respirado no meio de um engarrafamento parisiense pode nos recolocar olfativamente, mas também por meio de nossa racionalidade e de nosso coração, em um campo privilegiado da Provence ou da infância. O poder do perfume da amada pode por vezes expulsar os maus odores que nos envolvem.

Essa é também a função do cipreste, *kopher* em hebraico, que nada mais é do que a hena dos árabes. É uma planta cultivada no Egito, em Chipre e em Israel, sobretudo em Ashqelon e no oásis de En-Gedi. Sua casca e suas folhas fornecem um pó colorido e um odor forte que teriam o poder de exorcizar e expulsar os demônios.

14.

>Meu Bem-amado é um
>ramalhete de hena,
>nas vinhas de En-Gedi.

Meu Bem-amado exorciza em mim a tristeza e o desespero, a fadiga e o desgosto; no meio do deserto, como em En-Gedi, ele é o meu oásis, meu lugar de frescor e repouso; à sua sombra eu posso me deitar e beber uma fonte de água viva.

Em seguida, virá o canto maravilhado onde os amantes se contemplam um ao outro.

15.

>Ei-la aqui!
>Tu és bela, minha amiga,
>como tu és bela!
>Teus olhos são como pombas.

16.

> Ei-lo aqui!
> Tu és belo, meu amor,
> como tu és belo,
> e doce também!

Como tu és bela, como tu és belo! O que mais há a dizer? E, no entanto, é o que dizemos com menos frequência, como se fosse vergonhoso ou indecente dizer ao outro sua beleza. Talvez tenhamos que ter "olhos de pomba" para isso; os antigos comentários traduzem por "olhos espirituais", olhos capazes de ver a beleza no outro. "Olhos que olham para cima", para o belo, que não se demoram nas caretas ou na máscara, mas que contemplam o semblante.

"Deus nos olha dessa maneira", Ele não olha nossos pecados, nossas imperfeições; Ele vê nossa essência, que é a mesma do seu Filho, sua imagem e sua semelhança, pois o que existe realmente em nós não são nem nossos vícios nem nossas virtudes, mas esta centelha de Ser e de Amor que faz de nós viventes.

Como és formosa, como és belo! É o canto de todos os contemplativos quando eles consideram o Bem-amado (carnal, cósmico, divino).

Quando perguntaram a Cura d'Ars o que ele fazia durante as longas horas diante do tabernáculo, ele respondeu: "Eu o aviso e Ele me avisa". Silêncio contra silêncio, luz na luz, isso também é doce.

Disseram que o fundo do ser era desfocado, ou fluido[29], mas o Cântico dos Cânticos nos diz que ele era doce. "Aprendei de mim, que sou doce e humilde de coração" (Mt 11,29).

---

29. Jogo de palavras em francês, intraduzível para o português entre *"flou"* ("desfocado"), *"flux"* ("fluido") e *"doux"* ("doce"). No original: "On a dit que le fond de l'être était flou, ou qu'il était flux, le Cantique des Cantiques nous dit qu'il est doux" [N.T.].

"Eu sou" é um abismo, mas um abismo de doçura que cativa e apazigua nossas vertigens mais insuportáveis.

17.

De cedro são os pilares da nossa casa...
De cipreste, nossas varandas...
De folhas, o nosso leito...

O cedro e o cipreste são madeiras preciosas originárias do Líbano, utilizadas por Salomão para construir o Templo de YHWH/Deus em Yerushalaim. É como se disséssemos que o leito onde repousam os amantes é um templo, um lugar sagrado. O amor transforma o espaço-tempo mais trivial em espaço-templo.

O fundo é de folhas, ele é verde; existir ainda não é viver, é o amor que torna a existência viva e a faz vicejar. "Quem não ama", dirá de maneira abrupta São João em sua Epístola, "permanece na morte"[30], quer este se diga muito "espiritual" ou muito "materialista". É o amor que dá vida, sentido e sabor ao corpo, ao coração e ao espírito que nós somos.

4 Canto II

1.

Sou a rosa de Saron,
o lírio dos vales.

Em toda a biblioteca hebraica[31], apenas duas flores são mencionadas: o *habaselet* (Ct 2,1 e Is 35,1) e a *shoshana* (Ct 2,1-2,16; 4,5). Segundo a inspiração dos tradutores, falaremos de rosa, lírio, narciso,

---

30. 1Jo 3,14: "Nós sabemos que passamos da morte para a vida, porque amamos os irmãos. Quem não ama a seu irmão, permanece na morte".
31. A Bíblia [N.T.].

açafrão ou ainda do cólquico, junquilho ou da anêmona. Hoje, em Israel, os botânicos reconhecem a amarílis, planta que só cresce em Saron e sobre as praias mediterrâneas do país; os equivalentes acadianos, egípcios e coptas da *shoshana* designam o lótus sagrado dos egípcios, as ninfeias, os nenúfares e o lótus.

Encontramos aqui o símbolo universal da flor que se ergue em toda pureza das águas lamacentas e pantanosas, símbolo do espírito e do corpo despertos que se elevam das profundezas turvas da matéria e do inconsciente.

Ani, "Eu Sou", revela-se no canto dos cantos sob o símbolo da rosa e do lírio (*shoshana* e *habaselet*).

Assim como o lótus no Oriente, essas duas flores, símbolos da pureza e da beleza, nos lembram que a presença de "Eu Sou", *ani ego eimi, ego sum*, pode nascer da terra mais negra e mais corrompida. Podemos nos surpreender pelo fato de a rosa e do lírio não guardarem o perfume do esterco de onde elas brotaram. A graça torna todas as coisas novas, o passado é passado, "agora" é o tempo de crescer, florescer e dar fruto, o instante favorável (*kairos*) para "nascer novamente". "Eu Sou" é sempre viçoso, sempre novo, Ele nos faz participar do seu eterno nascimento, do seu eterno crescimento. É uma bela imagem para meditarmos sobre a Presença do Ser/Amor em nós.

O Bem-amado, *Dodi*, o Ser amado, amigo dos nossos sopros, melhor do que uma estação necessária: uma floração cheia de graça.

No cristianismo, falaremos da rosa como símbolo do cálice (Graal) que recolheu o sangue do Cristo. Ela será igualmente associada à rosácea e à roda, o que coloca em movimento a obra do Amor, a realização do seu desígnio bem-aventurado.

Na Idade Média, veremos florescer todo tipo de roseiras, roseirais, rosários, tanto entre os alquimistas quanto nas ordens religiosas. No Islã, conhecemos *La roseraie du mystère* (O roseiral do mistério) de Shabestari.

O hebraico que, através de uma única palavra designa uma multidão, nos lembra que a Presença do "Eu Sou", amigo, floresce pelo mundo sob uma multiplicidade de formas. É sempre o Um, o Ser amante de toda vida que se manifesta sob uma multiplicidade de semblantes únicos e incomparáveis.

2.

>Qual o lírio entre os espinhos,
>tal é a minha Bem-amada
>entre as mulheres.

Rosa entre os espinhos, esta é a "minha" rosa, Deus dentre todos os deuses, este é o "meu" Deus; cada um tem uma visão particular do inefável, um nome escolhido para o inominável. Um ser finito só pode ter uma visão finita do Infinito; a água desposa a forma de cada vaso que pode contê-la, Deus desposa a forma de cada espírito que pode contê-lo.

Da mesma maneira que o vaso sabe que não pode conter o rio ou o oceano, o coração e o espírito humanos deveriam saber que eles não podem conter Deus ou o Infinito e que a "forma", o nome que eles lhe dão, são apenas sua própria forma e seu próprio nome.

Mas a sua ipseidade "Eu sou" é realmente um eco (a imagem e a semelhança) da ipseidade divina, do "Eu Sou/Eu Serei", *Eheih Asher eheih*.

Cada bem-amado, cada bem-amada é um semblante do Ser amante das nossas vidas.

3.

>Qual uma macieira
>entre as árvores,
>tal é o meu Bem-amado

entre os homens.
À sua sombra,
em desejo me sentei.
Seu fruto é doce ao meu paladar.

O Livro do Gênesis não fala de macieira nem de maçã de Adão, mas simplesmente de árvore frutífera. Alguns acharão que se trata da figueira, outros da oliveira.

Qualquer que seja a espécie de árvore, ela simboliza, junto com a árvore da vida, a árvore do conhecimento do bem e do mal.

Máximo o Confessor via aí duas maneiras de entrar em relação com o Real. A árvore do conhecimento do bem e do mal é a árvore do conhecimento "ego-centrado": eu vejo as coisas a partir da minha história e das minhas memórias; eu chamo de felicidade aquilo que me agrada, de infortúnio aquilo que não me agrada. Eu me nomeio juiz daquilo que deve ser considerado bem ou mal.

A árvore da vida simboliza o conhecimento "teo-centrado": eu vejo as coisas a partir do Ser que as faz ser, quer elas me agradem ou não; eu não me coloco como juiz daquilo que é bom ou mal, eu não julgo, eu acolho todas as coisas, agradáveis ou desagradáveis, se não conseguir acolhê-las como um dom, acolho-as como efeito da energia criadora (*Elohim*).

Qual tipo de árvore é o meu Bem-amado? Sua ambivalência talvez possa ser lida em seu fruto: a maçã – ou melhor, na maneira de parti-la ou mordê-la.

Se eu cortar uma maçã no sentido vertical, o que vejo? Uma representação bem realista do órgão sexual feminino. Podemos compreender, então, certos delírios relacionados à maçã e à sexualidade que seriam a causa da nossa queda (cf. Santo Agostinho).

No entanto, se eu abrir a maçã na horizontal, o que eu vejo? Uma estrela de cinco pontas, o selo de Salomão. O símbolo do conhecimento e da sabedoria? O pentáculo?

Talvez não devamos separar a sexualidade do conhecimento, a maçã é uma só. Quem sabe, tudo dependa da nossa maneira de "morder a maçã", de viver a nossa sexualidade e praticar a ciência; "consumir ou comungar", eis a questão.

Podemos consumir o corpo do outro, explorá-lo, extrair todo tipo de prazeres e gozos para nosso próprio benefício e podemos fazer o mesmo com o corpo da Terra. Podemos também comungar com o corpo do outro, compartilhar com ele o prazer e o gozo, em uma alegria comum, sem procurar objetivá-lo, reduzi-lo a si mesmo ou explorá-lo. O mesmo é válido para o corpo da Terra: procuraremos cultivá-lo, fazer dele um jardim ou colaborar para que ele possa nos dar seus melhores frutos. Dessa maneira, evitaremos fazer da Terra um campo de ruínas ou um monte de lixo.

"Consumir ou comungar", nós temos a escolha. Aquilo que chamamos de queda é a queda de um estado de comunhão a um estado de consumo. Aquilo que chamamos de paraíso é um estado de comunhão; comungamos a Presença do Ser através de todos os seres respeitados e amados como teofanias, como manifestações visíveis do Invisível. Comungamos com o Ser amado das nossas vidas através do corpo do(a) bem-amado(a) terrestre.

O mundo (ou o purgatório e o inferno, segundo seu grau de degradação) é um estado de consumo. Consumimos e consumamos todos os bem terrestres que nos são oferecidos. O corpo do bem-amado, seu sexo, seus braços, sua afeição, são objetos de consumo, dentre outros.

Tudo depende do nosso olhar sobre a macieira e sobre a maçã. Aquele que é espiritual vê as coisas carnais de maneira espiritual; aquele que é carnal vê as coisas espirituais de maneira carnal. Talvez devamos ter os dois, ver a maçã e amá-la sob seus dois aspectos. Descobriremos, talvez, o que é um sexo ou uma carne estrelada – Uma estrela que se fez carne?

Reconhecemos uma árvore pelos seus frutos; o Cântico nos diz que o fruto da presença do Bem-amado, quando estamos sentados sob sua sombra, em "comunhão com Ele", é "doce ao paladar". A doçura que emana de uma relação (sexual, afetiva, intelectual) é, sem dúvida, o sinal de que essa relação é justa. "O fundo do ser é doce."

Os Padres do Deserto, assim como os pais[32] do desejo nos dizem que o sinal da presença de Deus em nós é a calma, a tranquilidade, a doçura. "Tudo que vem com calma e doçura vem de Deus. Tudo que vem da excitação, da inflação, da pretensão, não vem do Amor/Deus."

A expressão "em desejo me sentei" é bela. "Como reconheceremos teus discípulos", perguntam a Yeshua no Evangelho de Tomé. Ele responde: "É um movimento e é um repouso". O discípulo do Amor está sempre em movimento, em desejo do Outro e, no entanto, ele está calmo e em repouso, pois ele busca nada ter ou possuir, ele não quer nada que não lhe seja dado.

O discípulo do Amor, bem enraizado em si mesmo, bem em sua postura ou em seu "assento", como dizem os cavaleiros, pode acolher sem medo e sem violência o desejo do outro.

4.
>Ele conduziu-me à casa do vinho.
>Seu estandarte sobre mim
>é o Amor.

A Bíblia de Jerusalém traduz *beit hayayin*, a casa do vinho, por "celeiro", a TEB por "cabaré". Os cabalistas colocam em relação a palavra *yayin* – o vinho – com a palavra "Sopro/Espírito" (*Rouha*), e a palavra "fruição" (*eden*) mais frequentemente com a palavra *sod*, "mistério" ou "segredo".

---

32. Em francês, a palavra *"père"* designa tanto "padre" quanto "pai" [N.T.].

A casa do vinho seria, portanto, mais do que um "cabaré", ela seria a casa dos mistérios ou do segredo, ali onde a Bem-amada é iniciada ao sopro e à fruição do amor.

Trigano e Vincent, em uma bela contemplação da palavra *yayin*, observam que nessa palavra há duas letras *yod* e que a embriaguez do amor é esse encontro de dois *yod*, duas centelhas divinas, dois pontos semelhantes mas únicos e diferenciados no círculo do Infinito.

Os rabinos normalmente têm uma exegese menos mística: a casa do vinho é o país de Israel, terra dos vinhedos. O Messias bem-amado é aquele que nos conduz ao país para ali viver e observar a Lei.

> *Midrash Cant. Rabba*, II, 15 – A comunidade de Israel diz: "O Santo, abençoado seja, fez com que eu fosse a um grande celeiro onde se guarda vinho e cujo nome é Sinai. Ali ele me deu os estandartes da Torá, os preceitos e as boas ações, e em um grande amor eu os aceitei"[33].

Para a tradição cristã, "a casa do vinho" é evidentemente o lugar da Eucaristia, ali onde se realiza a comunhão entre Deus e o homem, entre Cristo e o seu corpo, que é a Igreja.

O Evangelho de João insiste particularmente sobre a importância dessa comunhão. Nela, no pão e no vinho que Ele pede para nós compartilharmos, é a sua "presença real" que nos é dada. "Aquele que come a minha carne e bebe o meu sangue terá a vida eterna" (Jo 6,54).

Trata-se realmente de um "mistério" ou de um "segredo" (*sod*), pois aqueles que não tinham sido "iniciados" nessa linguagem deixaram de segui-lo quando Ele pronunciou essas palavras, fazendo com que perguntasse aos seus discípulos mais próximos se eles também queriam deixá-lo. Conhecemos a resposta de Pedro: "Senhor, para quem iremos nós? Tu tens as palavras da vida eterna" (Jo 6,68).

---

33. LALOU, F. & CALAME, P. Op. cit., p. 188.

Yeshua os preveniu: "O Espírito é o que vivifica, a carne [a letra] sem Espírito nada é; as palavras que eu vos digo são Espírito (*Rouah*/ Sopro) e Vida" (Jo 6,63).

Ele não propõe a seus discípulos um ritual antropofágico. Seu corpo, e mais tarde o pão eucarístico, é a presença encarnada através dos atos e da prática dos *mitsvots* (exercícios, mandamentos). Seu sangue, e mais tarde o vinho eucarístico, é a sua contemplação, sua intimidade com a origem de tudo aquilo que vive e respira e que Ele chama de "seu Pai e nosso Pai".

Clemente de Alexandria relembrará brevemente o sentido dessas palavras: O corpo é a *práxis*, o sangue, a *gnosis*. Aquele que age como o Cristo, aquele que deixa "o ato puro" realizar-se através de si, que contempla como o Cristo contemplou, aquele que contempla o Pai e faz apenas um com Ele, este torna-se o que o Cristo é, seu "Eu sou" pensa e age como "Eu Sou/Eu Serei" pensa e age, e por meio dessa comunhão ele participa da vida do Cristo.

Quer seja o leito dos amantes, a terra de Israel ou o santuário da Eucaristia, o celeiro, a casa do vinho, é realmente um lugar de iniciação através da experiência da união e do encontro de alguém maior do que nós e talvez também do encontro de um Deus "maior", cuja flâmula e estandarte não são os dos vencedores e dos todo-poderosos. Seu estandarte é o Amor.

Sem dúvida, isso nos lembra que o único Deus que não é um ídolo, é o Amor; o único Deus que não podemos "ter" ou "possuir" e que, portanto, não podemos impor a alguém, é o Amor. Um "Deus 'maior' do que Deus" incita o ser humano a ser "maior" do que o ser humano. Esse é um Deus que nós só guardamos quando damos: "Aquele que ama habita em Deus e Deus habita nele".

Os santos, os sábios e os amantes não desejam um outro Deus. É um vinho doce, melhor do que o vinho, é um estandarte contra todos os estandartes, que não conduz a nenhuma "guerra santa", a não ser à guerra contra nossa "falta de inteligência e de amor"[34].

5.
> Sustentai-me com bolos de passas.
> Reanimai-me com maçãs,
> pois desfaleço de amor!

O amor nos conduziu ao segredo e ao mistério do nosso ser. O que nós sabemos e compreendemos de nós mesmos não é nada se comparado àquilo que não sabemos e não compreendemos. Da mesma maneira, o que mais tem valor no outro não é aquilo que compreendemos, mas aquilo que nos escapa. No campo do amor, assim como no campo científico, o conhecimento mais elevado é a mais douta ignorância. Eu sei o que eu sei, e isso é bom; eu sei também tudo o que eu não sei, e isso é infinito.

Essa é a vertigem à qual nos conduz um conhecimento ainda mais profundo – Será que é isso que a Bem-amada vivencia? A vertigem diante das profundezas abissais onde o amor do seu Bem-amado a conduziu, o enlace mais íntimo e mais poderoso revelou-lhe sua inacessibilidade, a alteridade; ou seja, a transcendência no mais íntimo de si mesmo e no interior do encontro.

Qual é esta doença de amor? Não se trata dessas doenças de amor como o ciúme, a dúvida, a suspeita que destroem o amor; esses parasitas que destroem a árvore que os alimenta. A doença e a dor vividas pela Bem-amada são mais parecidas com as da mulher durante o trabalho de parto; quando ela coloca no mundo um novo ser; trata-se de um parto, e não de uma doença.

---

34. O que os escritores das duas alianças chamam de pecado.

"Doente de amor eu estou", "desfaleço de amor" – *holat ahavah ani Holat* é o particípio passado do verbo *h'olah*, que significa exatamente "ter as dores do parto".

O amor é esse "novo" que nasce incessantemente em nós, e isso não acontece sem que haja dores, sem que sejamos arrancados dos nossos hábitos e do "conhecido" ao qual nós nos identificamos. A abertura a este Real infinito não acontece sem que sejam sacudidos nossos apegos às realidades, belas e nobres, sem dúvida, mas que revelam sua relatividade nesse contato com aquilo que as excede e transcende por todos os lados. Às vezes, podemos dizer ao outro: "Gostaria de nunca ter te conhecido"; eu poderia ter continuado a levar a minha vidinha tranquila e medíocre, contentar-me com meus pequenos amores e minhas pequenas alegrias, mas agora isso não é mais possível.

Da mesma maneira, após ter vivido um "contato" com a transcendência, com esse "segredo" ou esse "mistério" (*sod-yayin*), não podemos mais continuar vivendo como antes. Não posso mais viver como se o Infinito não existisse, como se Ele não fosse o próprio pano de fundo e sentido da minha existência e da minha finitude.

De agora em diante, eu não posso mais viver sem ti; quer este Tu esteja próximo ou ausente, seja evidente ou oculto. Eu sei que Ele existe em algum lugar no meu ser, pois eu fui tocado. A "flecha" do amor não é uma palavra vã, é uma marca – por vezes, um ferimento – que carrego no meu mais íntimo.

"Aquele cuja doença chama-se Yeshua não ficará jamais curado", dizia um mestre sufi. Aquele que foi tocado pelo encontro do Amor absoluto jamais ficará curado.

"Ó chama viva, deliciosa chaga"[35], cantará João da Cruz; ele também um "doente de amor". E poderíamos citar vários outros, todos

---

35. SÃO JOÃO DA CRUZ. *A chama viva do Amor* – A festa do Espírito Santo. Ed. Carmelitanas.

esses santos, sobretudo santas, mas também todos esses sábios e metafísicos que, em uma linguagem menos poética, dão testemunho da proximidade de uma transcendência que, ao mesmo tempo, os inquieta, os arrebata e os encanta, que os adoece e os cura, pois a doença de amor nos cura de todas as outras doenças ou, pelo menos, as relativiza, pois há apenas um único infortúnio: aquilo que poderia nos separar do Bem-amado. Mas quem poderia nos separar do Ser amado das nossas vidas, o Ser que nos faz ser e faz ser tudo aquilo que é?

Para suportar uma tal evidência, uma tal vertigem diante do Infinito, cujas portas o Amor acabou de abrir e nos iniciar, nós precisamos ser sustentados e alimentados para manter nossa forma e nossa consistência. "Sustentai-me com bolos de passas, reanimai-me com maçãs". Esses *ashishot*, que traduzimos por "bolos de passas" – ou por afrodisíacos[36] – seriam bolos sagrados, utilizados durante rituais com deuses ou deusas da fecundidade. Na versão da Septuaginta, são bolos de mel; na Vulgata, são flores; para André Chouraqui, a raiz da palavra *esh* evoca o fogo, daí sua tradução por "raios". Alimentar o fogo do amor que se acendeu em nós com raios, brasas ou centelhas – Por que não? O amor também tem seus rituais, gestos (as carícias), palavras ou cantos que o estimulam.

Não devemos ter medo de reanimá-lo incessantemente com "maçãs", essas maçãs que já evocamos em sua dupla abertura, relacionadas à sexualidade e ao conhecimento; "fazer amor" alimenta o amor; "fazer conhecimento" alimenta a inteligência.

Para os comentaristas religiosos, as Escrituras e os rituais sagrados sustentam o amor que temos por Deus. Meditar a sua Torá ou suas palavras no Evangelho, participar da Eucaristia e das orações instituídas nas diferentes horas do dia, é isso que reanima nos crentes a

---

36. O que não faz sentido, pois quando o amor está realmente presente, não há necessidade de outras "substâncias" ou estimulantes além da sua própria presença.

chama da Santa Presença e o nascimento de uma nova consciência. Então, à direita e à esquerda, o Vivente nos envolve...

6.
>Seu braço esquerdo sob minha cabeça,
>sua direita me abraça.

Na exegese rabínica, a esquerda e a direita representam as duas nuvens que protegeram Israel no período em que seu povo era uma nação errante no deserto (Ex 13,21-22). A direita e a esquerda também podem representar as duas tábuas da Torá, as franjas do xale de oração ou os filactérios usados hoje em dia pelos hebreus ortodoxos.

A tradição cristã retomará o tema nos dois livros, o Antigo e o Novo testamentos. A direita e a esquerda serão também o símbolo do rigor e da clemência, da razão e da intuição. Hoje em dia, algumas pessoas notam que, quando há harmonia entre o hemisfério esquerdo e o hemisfério direito do nosso cérebro, o comportamento torna-se mais equilibrado.

O Zohar aí reconhecerá a reconciliação do masculino e do feminino, sem a qual nenhuma alegria pode vir ao mundo:

>Rabi Hizqia diz: "Os sacerdotes têm como missão despertar o lado esquerdo, os levitas o lado direito, para desta maneira provocar a união do princípio macho e do princípio fêmea, assim como está escrito: 'Sua esquerda está sob minha cabeça e sua direita me abraça'. Quando o princípio masculino está unido pelo desejo ao princípio feminino, os mundos são abençoados e a alegria reina em cima como em baixo (Zohar I, 244a)[37].

---

37. LALOU, F. & CALAME, P. Op. cit.

7.

> Eu vos conjuro,
> filhas de Jerusalém...
> Pelas gazelas,
> pelas corças dos campos,
> não acordeis,
> não desperteis o meu amor
> antes da hora do seu desejo!

A sabedoria do amor é também aquilo que chamamos de respeito e paciência. Não forçar o desejo do outro, apenas despertá-lo e deixá-lo vir. Forçar alguém a nos amar é impedi-lo de amar, assim como forçar alguém a crer é tirar-lhe a oportunidade de crer.

Quantos perderam a fé porque foram obrigados a "engolir", sem compreender, esse ou aquele credo? Quantos foram impedidos de amar porque foram forçados a expressar gestos ou palavras de amor que ainda não tinham germinado em seus corações? Como diz o provérbio zen: "Não é puxando a alface que a faremos crescer; ela cresce sozinha".

Os problemas de casal são frequentemente problemas de ritmo: um acorda cedo, o outro dorme tarde, e por vezes restam poucas horas para eles se encontrarem; um é mais lento, o outro mais rápido – Como sintonizar o passo ou o prazer?

Amar é respeitar o ritmo do outro e o seu próprio ritmo, aprender a caminhar, a fruir e a viver juntos, e isso não é possível sem escuta, sem atenção; o outro é uma gazela ou um cervo, dois animais trêmulos e frágeis, frequentemente presas privilegiadas dos predadores. A liberdade do outro é um tesouro frágil que pede para ser tratado com delicadeza.

O amor é um infinito respeito, e não há amor onde não há respeito pelo outro em sua alteridade, pela sua diferença que se manifesta mediante o ritmo que lhe é próprio. Não devemos impor o nosso desejo, mas propô-lo com leveza.

Penso em um casal de amigos que, no seu casamento, fizeram "voto de leveza" um para com o outro; ou seja, não colocar sobre o outro o peso da sua expectativa ou das suas exigências narcísicas, por vezes mascaradas sob o belo nome de amor.

Será possível que a exegese hebraica escute nas palavras "gazelas" (*sabaot*) e "cervos" (*ayalot*) um eco do Nome divino *Elohim Sabaot*, um eco da sua paciência? Quando traduzimos *Elohim Sabaot* por "Deus dos exércitos", frequentemente esquecemos de que se trata de exércitos angélicos, que todo anjo é uma qualidade divina e que o respeito e a paciência são duas das mais elevadas qualidades na hierarquia do Amor.

Quando falamos da Paixão de Cristo, falamos da sua paciência, que é a paciência do Amor. A única coisa que o "Deus/Amor todo-poderoso" não pode fazer é nos forçar a amá-lo. Assim como o mendigo do Apocalipse ou o Bem-amado do Cântico, "Ele bate à porta", Ele não a força, Ele não "arromba" a porta. Se a sua mão escorrega sobre o ferrolho é para ali colocar seu óleo e seu perfume. Ele não obriga o outro a responder ao seu próprio desejo e aos seus horários. Se não é hora, se não for o momento justo e favorável, Ele voltará.

A graça é paciente, ela não força nossa liberdade; o amor jamais nos forçará a acreditar ou a amar. Ele bate à porta, ele aguarda que a corça ou a gazela venham abri-la, tímidas, frágeis talvez. Não existe nada maior para o amor do que a liberdade do outro.

Não há amor sem liberdade, seja entre dois seres humanos ou entre um homem e seu Deus (e isso nos permitirá, sem dúvida, discernir qual é o nosso Deus: Um poder que estimula nossa liberdade ou um poder que a aliena, a submete e a domina?)

Yeshua disse: "A verdade vos libertará" (Jo 8,32). E se traduzirmos *aletheia* de maneira mais precisa, ou seja, por "vigilância", "A atenção vos libertará".

O Amor é a mais elevada atenção, a mais delicada, a que mais respeita a liberdade de outrem. O amor vos libertará, livres um para com o outro, ligados mas não atrelados; esses vínculos que aliam, e não que alienam.

Despertar o amor: estar atento ao bom momento. Dizer a verdade, mas não em qualquer lugar, a qualquer momento ou de qualquer maneira; dizer a verdade com amor.

"Na hora do seu desejo", quando a porta do outro estiver aberta e sua inteligência, seu coração e seus sentidos forem "capazes de Escuta", "*capax Dei*", "capazes de Amor".

8.

Ouço meu Bem-amado.
Ei-lo aqui. Ele chega
saltando sobre os montes,
dançando sobre as colinas.

Qol Dodi, voz do meu Bem-amado, a voz precede a visão; segundo os semitas, antes do olhar há a escuta. *Shemá Israel* [38] é o primeiro e o grande exercício proposto por Moshe (Moisés). O amor é escuta, mas o escutar e o ver não fariam parte do mesmo ato de atenção, ato puro de presença ao Ser que está aqui presente e que nos faz escutar e ver?

A voz muda menos do que o rosto. Reconhecer alguém pela voz supõe uma atenção, uma escuta recíproca. Antes de ver o Bem-amado saltitando sobre os montes, dançando sobre as colinas, a Bem-amada o reconhece pelo som da sua voz.

Seria este o som primordial que precede a forma e a encarnação de todas as coisas? O coração que escuta talvez seja capaz de discernir

---

38. "Escuta Israel" em hebraico [N.T.].

essa vibração original que manifesta a presença do Ser amado das nossas vidas. Aquele que vem (*zeh ha*) é um Nome divino que será retomado pelo Livro do Apocalipse; "Aquele que era, que é, que vem", traduzido às vezes por "o Eterno", Aquele que realiza e vai além de todos os tempos: o passado, o presente e o futuro, "contidos" pelo "não tempo". É belo considerar Deus e seu enviado como "Aquele que vem", Aquele que vem através de tudo aquilo que nos acontece.

Antes de revelar-se nas Escrituras e, em seguida, no encontro íntimo, Ele revela-se, Ele vem primeiro na natureza, Ele mostra-se em todos os elementos do cosmos, Ele é o movimento que anima todas as coisas. Para aquele cujo olhar está informado, ou para o cientista, os "átomos dançam", as montanhas saltitam como cabritos"; isso não é apenas poesia, é também física.

A vida "saltita" e "dança" em tudo aquilo que existe; montanhas e colinas estão vivas.

9.

> Meu Bem-amado:
> um gamo,
> um jovem cervo.
> Ei-lo aqui,
> atrás do nosso muro,
> espreitando pela janela,
> espiando pelas treliças.

Após ter reconhecido o *Logos*, a informação criadora, o amado de nossas vidas no mundo mineral e vegetal, a escuta amorosa o descobre também no mundo animal, particularmente nos mais graciosos ou frágeis: gamos e jovens cervos; em seguida, Sua Presença revela-se atrás do nosso muro, pela janela, espiando pelas treliças.

Para a leitura rabínica, nosso muro ou nossa "muralha" é a terra de Israel e particularmente "o muro ocidental"[39] do Templo; a janela é a Torá; a treliça são as Escrituras através das quais YHWH/Deus fala àquele ou àquela que escuta e permanece na atenção. Ele jamais está longe da Terra Prometida nem das palavras transmitidas por Moshe, pelos sábios e pelos profetas. Deus nos busca, nos "espia", nos aguarda, nos chama através do muro do Templo, através da "nossa" terra e das informações que nos são transmitidas pelos seus enviados.

Na tradição cristã, o muro é a encarnação de Cristo. "Atrás" do seu corpo, da sua forma humana, YHWH/Deus, o Ser que é Vida, Luz e Amor, está presente. Através das treliças das suas parábolas e ensinamentos, o *Logos* está próximo; Deus está "voltado para nós" e "conosco" (Emanuel[40]).

Só podemos ver a divindade através da humanidade, através dessa treliça por vezes inextricável de pensamentos e palavras, através da natureza, mas também através da presença humana de Yeshua e de toda presença humana; o Invisível se faz visível (sempre permanecendo Invisível).

"Deus, nunca ninguém jamais o viu, o Filho monogênico que habita o seio do Pai, Ele nô-lo fez conhecer" (Jo 1,18). Deus, nunca ninguém jamais o ouviu; o silêncio, nunca ninguém conseguiu escutá-lo. É através das palavras do seu enviado e dos seus enviados que Ele se faz ouvir (sempre permanecendo silencioso em sua essência), e a palavra que Ele quer que escutemos é um convite a nos erguermos, a despertarmos, a irmos em direção a nós mesmos, para descobrirmos no coração do nosso ser, o outro que é mais outro e é todo outro que nós mesmos.

---

39. Quando o Templo de Salomão foi destruído em Ca. 70 d.C., apenas o muro ocidental do Templo ficou de pé. Hoje em dia ele também é conhecido por Kotel ou Muro das Lamentações. Localizado na cidade de Jerusalém, é o sítio religioso mais sagrado do mundo para o povo judeu [N.T.].

40. "Emanuel" significa "Deus conosco" [N.T.].

10.

Meu Bem-amado eleva a voz.
Ele me responde:
Levanta-te, minha amiga, minha bela;
vai para ti mesma!

Talvez esta seja uma das palavras mais sagradas e mais profundas do Cântico dos Cânticos: amar não significa dizer ao outro: "vem" – "Vem" para mim –, mas "vai" – "Vai para ti mesmo".

O Bem-amado não ama a Bem-amada para si mesmo, mas para ela mesma. Ele quer e ele deseja sua liberdade, pois sem liberdade e sem conhecimento de si mesmo não existe "verdadeiro" encontro. As observações de André Chouraqui a este respeito são interessantes:

> A ordem dada pelo amado é absoluta, sem equívoco, sem restrição: "Levanta-te para ti mesma!" Ela deve despertar, ou melhor, levantar-se, já que o amor já a despertou do seu sono. Ela deve sair da sua passividade, do seu langor. Em 1,8 lhe era permitido seguir a lição dos pastores e as pegadas do rebanho. Ela deve agora encontrar por si mesma, em si mesma, a energia da sua ressurreição. Os tradutores que compreendem: "Venha então... venha!", estão traindo o movimento mais profundo e mais significativo do poema. É o mesmo chamado que foi dirigido a Abraão (*Lekh lekha*, Gn 12,1): "Vai para ti mesmo, longe desta terra, longe da casa do teu pai..." A amada é convidada a uma despedida. O amado não pede que ela venha até ele, mas que ela parta em direção a si mesma, para encontrar-se e encontrar seu próprio destino, seu próprio semblante nos reflexos e nas realizações do amor[41].

---

41. CHOURAQUI, A. "Cântico dos Cânticos". In: *L'Univers de la Bible* [O universo da Bíblia]. Tomo VI. Brepols/Lidis, 1982-1989, p. 31.

A interpretação do Zohar é igualmente interessante: "Meu amor responde e me diz. Ele responde através de Elias e fala através do Messias. O que ele me diz? "Levanta-te, minha amiga e caminha"![42]

O Bem-amado responde, mas nós não sabemos qual é a pergunta. Qual pode ser a pergunta da Bem-amada ao Bem-amado, senão "Tu me amas?" "O que sou para ti?" A resposta não se faz esperar: "O que és para mim é o que és realmente; vai em direção a ti mesma; eu te amo [tu] livre". Amar alguém é renunciar a tê-lo, não "segurá-lo", mas recebê-lo se ele se der, quando ele quiser, quando ele for ele mesmo, pronto para abrir-se a algo maior do que ele mesmo.

Essa é a própria atitude de YHWH/Deus, o Ser que é o que Ele é e que faz ser tudo aquilo que é; Ele não nos quer para Ele ou por Ele, Ele nos faz ser para que nós sejamos nós mesmos, para que realizemos nossa ipseidade. É através da aceitação do nosso "caráter", da nossa "personalidade" ou da nossa forma única que seremos Um com o Todo, Um com o Ser amado das nossas vidas, que deseja nossa realização e a livre adesão, plenamente consciente, do nosso ser finito ao Ser infinito.

"Vai", "Caminha". É a grande palavra que ressoa ao longo de todo o Evangelho, e não apenas no Sermão da Montanha, no qual o Bem-Aventurado é o ser "não parado", aquele que não se detém e que continua "em marcha" no coração das provações e das alegrias da existência.

"Em marcha os que têm o sopro cortado"[43]. "Em marcha" os doces, os humilhados, os famintos e sedentos de justiça, de harmonia

---

42. *Midrash Cant. Rabba*, II, 33.
43. "En marche les souffles coupés"; a expressão *"souffle coupé"* significa "sem fôlego", mas a tradução literal seria "sopro cortado". A frase poderia ser traduzida, então, de duas formas: "em marcha os sem fôlego" ou "em marcha os que têm o sopro cortado". Segundo o autor, ao utilizar essa expressão, ele quis dizer: "em marcha aqueles que ficaram sem fôlego, que tiveram o sopro cortado pela emoção ou o medo, aqueles que ficaram sem palavras devido à emoção ou ao medo; em marcha os sem fôlego, os emotivos, aqueles traumatizados pelo medo – não tenham medo de ter medo" [N.T.].

e de beleza, em marcha aqueles que choram, os corações puros, os misericordiosos, os artesãos da paz, os perseguidos pela justiça.

A vida é movimento, o Vivente é aquele que nos ergue, nos coloca em pé, nos eleva no próprio movimento da Vida que se dá. Quer seja aos paralíticos, aos surdos, a todos os doentes, Yeshua sempre diz: "Vai", vai mais longe, não te detenhas, não te identifiques aos teus sintomas; seja livre para com o teu passado, "Seja o que tu és" no instante, na eternidade. E essa palavra é particularmente libertadora para aqueles que se fecharam nas consequências negativas dos seus atos (aquilo que os orientais chamam de *karma*). Este "Vai" os liberta da culpa – a mulher adúltera, Zaqueu, os coletores de impostos e todos esses "pecadores" a quem Yeshua se dirige e que, por essa razão criticado.

Lekh lekha: tu és mais do que os outros pensam de ti ou do que pensas sobre ti mesmo. O passado é passado: falhas, infelicidades ou infortúnios; o que foi não é mais. "Não te voltes para trás", mantém-te ereto e caminha na luz.

Desde Abraão, os sábios e os santos de todas as nações e de todas as tradições ouvem essa voz íntima que "responde" às suas queixas, às suas questões. "Vai, vai mais longe, mais alto, mais profundo, vai onde tu estás, tu verás quem é "Eu sou"."

Amar alguém é acompanhá-lo em direção a si mesmo, não retê-lo para si. Mas talvez existam etapas e graus no amor nos quais talvez tenhamos necessidade de sermos "confortados" pela presença do outro; nós temos, como crianças, o direito de lhe dizer "Vem", mas um dia acabaremos ouvindo-o nos dizer "Vai".

Para conseguirmos escutar bem este "Vai para ti mesmo" é preciso estar atento, escutar o som e o tom da voz. Nós realmente precisamos ser curados de todos os "Vai embora" que já escutamos, de todas as exclusões e de todas as recusas que experimentamos antes de conseguirmos ouvir todo o Amor que está oculto neste "Vai para ti mesmo".

É preciso que "o inverno tenha passado"; novamente, aceitar que o passado seja passado para poder saborear o "novo", o sempre fresco e novo, a eterna primavera das nossas vidas.

"Vai para ti mesmo, eu estou contigo" – Não são estas as palavras de um autêntico terapeuta? Eu não posso curá-lo em seu lugar, viver o que você tem que viver, pensar naquilo que você tem que pensar, sofrer o que você tem a sofrer, mas você não está só, eu estou com você. Acompanhar o outro em seu próprio caminho, não fazer o caminho no seu lugar ou impor-lhe o nosso – Amar não é isto?

Este "eu estou contigo" é, ao mesmo tempo, uma presença que mantém-se no exterior, mas também no mais íntimo. O outro está em mim, ele não me toca apenas no exterior, ele me toca no mais íntimo; apesar de tocar de maneira não carnal ou não sexual, eu sempre sou mais ou menos permeado pelo outro, energética e espiritualmente.

Da mesma maneira, quando acompanho alguém sem tocá-lo "externamente", eu o "penetro" mais ou menos inconscientemente através da minha energia, dos meus pensamentos, do meu amor; a compaixão é a interpenetração no nível íntimo.

"Estar com", "fazer apenas um com" é uma outra maneira de falar do amor. Estar com uma flor é deixar que ela venha até nós, acolhê-la no interior de nós mesmos – por vezes no mais íntimo – não é apenas uma imagem externa aos meus olhos. O mesmo acontece com um animal e, de maneira ainda mais forte, com um ser humano.

Dizer a alguém: "Vai para ti mesmo" não é excluí-lo nem rejeitá-lo para longe de si. É, pelo contrário, convidá-lo a habitar e permanecer no interior de si, ali onde nós estamos juntos, no Um que nos religa através do mais íntimo de nós mesmos. Quando esse vínculo é estabelecido, a distância, a diferença, o tempo, a morte jamais nos separarão.

"Eu estou sempre contigo", "Eu estou sempre 'com vós', até o fim do mundo" (Mt 28,20), disse Yeshua aos seus discípulos ao deixá-

-los. "Eu vou para mim mesmo", "Eu vou para o Pai", para "o Outro que me fundamenta", e nesse "fundamento", nessa origem que nós podemos compartilhar a cada "instante", eu permaneço com vocês.

"É vantajoso para vós que eu me vá", se eu não partir, eu não estarei mais dentro de vós, eu permanecerei do lado de fora. Sem dúvida, serei vosso mestre ou *rabbuni*, mas estarei no exterior; um ídolo a ser "seguido", não uma presença a ser compartilhada.

"Vai para ti mesmo, eu estou contigo", eu vou para mim mesmo, eu ainda estou e sempre estarei convosco.

"Permanecei em mim, como eu permaneço em vós" (Jo 15,4).

O amor é esta intimidade na distância, nem afastamento nem proximidade, nem separação nem fusão: intimidade.

11.

> Pois eis que o inverno passou,
> as chuvas secaram.

O inverno, *hasseto* em hebraico, pode ser associado à palavra *seth* (o enganado) e *ho* (o infortúnio). O tempo frio da traição e do infortúnio passou, o amor introduz no corpo do ser humano uma outra temporalidade. Não é mais o tempo suportado da mentira e do sofrimento, é o tempo escolhido da autenticidade e da fecundidade.

As chuvas pararam ou secaram, *hageshem h'alaph*. Quando sabemos que *hageshem* também significa o "corpo", será que o Cântico gostaria de nos dizer que o amor nos tira o corpo? Ou melhor, ele nos ergue o corpo; mais literalmente, ele nos faz mudar de corpo como mudamos de estação.

Do nosso corpo morto e frio como um inverno ele faz um corpo quente, úmido e palpitante como a primavera. A encarnação não é mais uma maldição, um infortúnio, mas uma bênção, um corpo feito para a beatitude.

Como? *Halakh lo*, ele passou ou ela partiu, o inverno, a chuva, mas esquecemos de traduzir *lo*: "para". O sentido deste versículo pode então se revelar: nosso corpo e nossa vida mudam de estação, eles passam (no sentido pascal do termo) do inverno à primavera, do infortúnio à Shalom, serenidade bem-aventurada, voltando-se "para" – para o outro.

O corpo, o tempo, não está mais fechado, fechado sobre si mesmo. Uma saída é encontrada através da fecundidade, o íntimo comunica com o íntimo. O corpo, o tempo entram no movimento da vida que se dá[44].

A terra e o homem "argiloso" (*adamah*) podem dar as flores e os frutos cujas sementes estavam amadurecendo.

12.
> As flores se mostram à terra...
> É chegada a estação do canto!
> O arrulhar da rolinha
> se faz escutar.

O corpo saiu de um inverno longo demais; ressuscitado pelo amor. Agora ele pode cantar, celebrar o Vivente que se manifesta em toda a vida. A tradição cristã reconhecerá no arrulhar da rolinha o canto da pomba, o tempo do Espírito Santo e da graça, "o inverno da Lei passou".

"Mas agora temos sido libertados da Lei, tendo morrido para aquilo em que estávamos retidos; para que sirvamos em novidade de Espírito, e não na velhice da letra" (Rm 7,6). "E a esperança não traz confusão; porquanto, o amor de Deus está derramado em nossos corações pelo Espírito Santo que nos foi dado" (Rm 5,5), e é este

---

44. No prólogo de São João, podemos observar que o Logos é *"pros" thon Theon*. O verbo está "voltado para" Deus, a inteligência está "voltada para" a luz. Este movimento "para" é "o Espírito e a Vida".

amor que nos torna capazes de entrar no Santo dos Santos e no canto dos cantos: a infinita Presença, a íntima comunhão e união de todos os seres que se revelam àqueles que vão para si mesmos, ao encontro do Outro. Nós encontramos novamente esse estranho paradoxo do amor. É no mais íntimo de nós mesmos que provamos, no instante, nossa unidade e nossa alteridade com Aquele que é "mais eu do que eu mesmo e completamente outro do que eu mesmo".

13.
>A figueira forma seus primeiros frutos.
>As vinhas em flor exalam
>   seu perfume.
>Levanta-te, minha amiga, minha bela,
>e vai para ti mesma!

Lembremo-nos das palavras de Yeshua a Nathanael: "Te vi eu, estando tu debaixo da figueira" (Jo 1,48). Estar sob a figueira, na tradição hebraica, é estar na câmara de estudos, escrutinando a Torá. "Quando estudavas as letras quadradas do livro, eu, o Logos, a informação criadora manifestada em um corpo humano, eu te falei através das treliças das tuas escrituras."

"A figueira forma seus primeiros frutos." Os antigos dirão que o estudo das Escrituras e a prática dos seus preceitos começam a dar frutos; a vida se transforma, converte-se, "volta-se para" o essencial, a alegria do Ser nos conduz.

"As vinhas em flor exalam seu perfume". Desta vez, a vinha está bem-guardada, bem-cuidada, o vinho da promessa, a sóbria embriaguez deixa-se pressentir. Se, mais uma vez, sem nos cansarmos, nos erguemos a cada dia para este sol íntimo que é o amor que nos faz e faz ser tudo aquilo que vive e respira – "*Lekh lekha*, vai para ti mesma".

"Estimulado por essas leituras a voltar a mim mesmo, entrei, guiado por ti, no profundo de meu coração, e o pude fazer porque te fizeste minha ajuda..."⁴⁵ "Voltado para mim mesmo", neste íntimo, o que contemplei? Não uma coisa, mas "a luz", *lux incommutabilis*, luz toda outra; essa mesma luz que nos faz existir, *ipsa fecit me, ipsa fecit nos*, tu e eu, Um nessa Luz ou Consciência compartilhada.

14.
Pomba minha,
escondida nas fendas do rochedo.

Para a exegese rabínica, a pomba é o povo de Israel. "Pomba minha" designa a assembleia de Israel. "As fendas do rochedo" designam Jerusalém; pois assim como a pedra é mais dura do que o resto do solo, da mesma maneira Jerusalém é mais elevada e mais forte que o resto da Terra. "As paredes do recinto" designam essa parte do Templo que é chamada de Santo dos Santos e que constitui o coração do mundo"⁴⁶.

Na tradição cristã, a reentrância do rochedo é a Encarnação, o coração do Cristo que acolhe e transmite o Espírito, o Sopro (*Pneuma, Rouah*) que vem do Pai (*Arché*, "a origem"). É também "o coração de pedra", o coração duro e insensível de cada um que torna-se "um coração de carne" quando ele é habitado pela pomba, o Espírito do amor. O coração reencontra suas asas, ele pode elevar-se e crescer: "Nos desvios das pedras, / mostra-me a tua face!"

Deus/Amor escreve "direito por linhas tortas"; por vezes Ele se faz conhecer ali onde não o esperávamos. "Nos desvios"; por vezes o coração se abre quando estávamos seguindo por atalhos, diante de impasses. Nem sempre é na autoestrada que se revela a beleza da paisagem; normalmente ela se revela "em caminhos que conduzem a lugar algum", caminhos que atravessam os campos onde o nosso modo

---

45. SANTO AGOSTINHO. *Confissões* VII, 10.
46. Zohar II, 14; I, 84b. In: LALOU, F. & CALAME, P. Op. cit., p. 193.

de andar torna-se mais lento; a beleza do Instante se dá ao olhar, à inteligência, mas também à nossa afetividade e à nossa sensibilidade quando elas estão apaziguadas.

A utilidade dos desvios talvez seja a de cansar nossos desejos e nossas expectativas e nos conduzir ao essencial em si. Quantos foram mais longe para descobrir "lá" aquilo que estava desde sempre "aqui"? Quantos desvios através das tradições e das práticas exóticas e estrangeiras, antes de redescobrir aquilo que estava na nossa própria tradição?

Mas o nosso caminho não é feito de desvios? Lá para onde vais, tu estás; ali onde estás, tu vais. Nós somos aquilo que buscamos. O importante talvez seja a qualidade e a intensidade do nosso desejo: "Mostra-me a tua face". Se desejarmos realmente o rosto da Verdade, a Presença do Ser que é Amor, nós não temos nada a temer; podemos fazer toda espécie de desvios, experimentar todo tipo de práticas, entrar em todo tipo de seitas, pois delas sairemos.

O desejo intenso pela verdade não se deixa nem deter nem se apegar aos ídolos propostos ao longo do caminho; nosso coração é feito para a Beatitude, que é Presença infinita do Ser amor. Ele não se deixa deter e acorrentar pelos pequenos êxtases que nos são propostos por seitas, Igrejas e outros mercadores da felicidade.

Jogo de fosfinas em nosso cérebro, calor ao longo da coluna vertebral, a luz nos conduz sempre mais longe do que aquilo que ela nos mostra de si, em todos seus átomos e desvios. Mas é como se ela fosse estimulada pela nossa exigência.

> Mostra-me a tua face!
> Faze-me ouvir a tua voz,
> pois a tua voz é doce,
> e esplêndida a tua aparência.

Como reconhecer, discernir que o amado das nossas vidas que nos aparece nas fendas dos rochedos, ao longo do caminho e nos desvios, é bom? Pela sua doçura. A doçura e o tom de uma voz, "de um delicado silêncio" como a da "leve brisa" na qual o Profeta Elias reconhece a presença de Deus que não estava nem no trovão, nem no relâmpago, nem no terremoto. Amor que vem da calma, este todo Outro Amor que chamamos de YHWH/Deus.

Há também um certo "esplendor", uma certa beleza que não está tanto nas aparências mas na aparição. O olhar superficial só vê aparências agradáveis ou desagradáveis; o olhar íntimo, "o olho do coração", vê a aparição do Ser nas aparências. Essa aparição permanece invisível, é a ordem implícita, da qual falam os físicos, que se manifesta na ordem explícita (cf. Niels Bohr).

É o interior e o íntimo de todas as coisas. Não vemos a Vida, somente os corpos e as formas transitórias que a manifestam; mas o olhar iluminado e esclarecido pelo amor por vezes "vê" essa Vida invisível no visível e fica maravilhado com o esplendor da sua aparição. Essa aparição é por vezes fugaz e frágil, e isso deve-se à fraqueza do nosso olhar e, frequentemente, à nossa falta de despertar, de vigilância. É preciso, então, desconfiar das "raposinhas que devastam as vinhas".

15.

> Apanhai as raposas,
> as raposinhas,
> devastadoras das vinhas...
> pois nossas vinhas estão em flor.

"Com o aroma da vinha em flor, não há doninha que não tenha vontade de misturar seu cheiro ao da vinha", dizia Paul Claudel, mas as raposas, aqui mencionadas, são talvez piores e mais perigosas do que as doninhas. Em hebraico, a raiz de *shou'alim* (raposas) é a mesma de "devastar", "roer", "corroer", "fazer buracos". Cada um conhece o que o corrói e o devasta, cada um conhece suas "raposinhas", suas dúvidas, suas suspeitas que podem devastar um amor nascedouro ou as primeiras flores do despertar.

De que serve tudo isso? Isso não é uma ilusão? O amor é um sonho, uma fraqueza, um "ópio" para mulherzinhas, e se nosso amor for um balão de ar, basta um furinho para esvaziá-lo. Ele não sobreviverá às presas afiadas dos roedores, com a irônica exceção daqueles que se acham "acima" e livres "disso".

O "perverso" em nós e no mundo será sempre mais esperto do que a raposa para nos fazer duvidar da beleza do Amor e da sua transcendência, e o Cântico nos convida a desconfiar do perverso, a "compreender", a ver de maneira clara o que eles são: roedores, destruidores da nossa fé e da nossa esperança no Amor.

Yeshua não os esquecerá na sua oração quando Ele nos convida a pedir, junto com Ele: "Não nos deixeis cair em tentação, mas livrai-nos do mal" ("Não nos deixeis ser levados pela provação, mas sobretudo livrai-nos do perverso"[47])[48].

Mas talvez nada tenhamos a temer quando sabemos a quem demos nosso coração e em quem depositamos nossa confiança.

16.

> Meu amado é para mim,
>
> e eu para ele,
>
> o pastor das rosas.

O Zohar parafraseia este versículo de uma bela maneira: "Eu o escolhi e ele, por sua vez, me escolheu. "O pastor no meio das rosas"; apesar das rosas estarem cercadas de espinhos, ele pastoreia entre as

---

47. *Ponerou* em grego que frequentemente é traduzido, no final da oração do Pai-nosso por "do mal" ou "do maligno".
48. Cf. LELOUP, J.-Y. *Deus não existe...!* – Eu rezo para Ele todos os dias. Ed. Vozes, 2007.

rosas. Por que "Meu amor é para mim" e por que "eu sou para ele"? Porque ele conduz o mundo "com as rosas"[49].

Quer seja o encontro com Deus ou o encontro com um ser humano, este encontro "não é o término do caminho, ele será eternamente o seu meio", dizia Martin Buber. O ser humano é um ser em relação, é dessa maneira que ele é a imagem e semelhança de Deus, ele próprio é o Ser em relação, "Ser com", um "Eu estou contigo", um Eu que fundamenta o Tu e que é fundamentado pelo Tu.

Fora dessa relação não há mais do que "isto" ora, isto não "encontra" isto, isto torna-se isto, uma unidade sem aliança, uma uniformidade sem face a face, sem reciprocidade. O face a face, a relação "eu-tu" eleva, na aliança, a unidade além de toda fusão; é a dualidade suplantada pelo amor, uma dualidade não dualista. Essa dualidade não dualista, esse enlace, é o sujeito do primeiro versículo do Cântico, no qual o Bem-amado e a Bem-amada são conduzidos mais alto do que o vinho, mais alto do que toda a embriaguez que dissolve e reduz, que apaga os semblantes e reduz "o eu e o tu" ao magma indiferenciado do "isto".

O mistério do universo e dos átomos é ele ser capaz de "produzir" um ser que tem um rosto que me olha e me diz: "Eu sou por ti, tu és por mim", nossa relação é única. No meio da infinidade de relações e de interdependências que constituem este universo, qual é esta liberdade capaz de dizer: "Tu me elegeste, eu te escolhi?"

Alguns dirão que essa liberdade e essa relação, consideradas como ocasião (*kairos*) para um amor único e irredutível, é uma ilusão – Não seria o resto que é ilusão e impermanência?

Não é este amor que subsiste, que resiste a todas as mudanças de forma, que atravessa as idades, não é este amor que é o Real, se por Real entendermos aquilo que resiste às forças dissolventes do tempo e da análise? Não é o Amor o único Real capaz de resistir, de encarar

---

49. Zohar II, 16; II, 20a. In: LALOU, F. & CALAME, P. Op. cit., p. 194.

a realidade da finitude e da morte? Não é ele a nossa abertura ao Infinito? Através do nosso movimento em direção ao outro, nosso ser não apenas cresce, mas torna-se espaço para uma alteridade que ele não pode conter.

Ele torna-se espaço para a Transcendência.
Através do semblante do outro, Deus não nos vem à mente,
Ele deixa de ser uma ideia,
Ele torna-se um encontro.
O Ser que é o que ele é,
não é mais um "isso", Ele é um "Tu".

"Meu amado é para mim,
e eu para ele."
A questão não é mais "Por que vivemos?"
Podemos muito bem viver sem por quê.
"A rosa é sem por que, ela floresce porque ele floresce"[50] – florescer é próprio da natureza, dos acasos e das suas necessidades.

Mas o ser humano não é uma rosa, ele é "o pastor das rosas", aquele que "faz a jardinagem e cuida da rosa", ele é aquele que oferece a rosa – A quem? Para quem é a rosa que ele cuidou? Para quem é o universo que ele pensou, cultivou, por vezes embelezou, por vezes danificou e destruiu?

Podemos viver sem por quê,
mas podemos viver sem "para quem"?
Podemos viver sem "Tu"?
Sim, eu posso viver sem "tu".
"Isso" me basta,
mas sem Tu, eu não sou mais Eu,

---

50. SILESIUS, A. *Le pèlerin chérubinique* [O peregrino querubínico]. (1657). Aubier, 1946.

eu não sou mais relação, ou seja, vivente, consciente, amante, amado; eu sou apenas isso, eu vivo, mas não é mais uma vida humana; eu estou consciente, mas não é mais uma consciência compartilhada; eu posso até mesmo amar, mas amar todos os seres como "coisas", como objetos interdependentes. Sem um "Tu", eu privo meu amor daquilo que ele espera: um semblante que lhe responda.

Por quem vivemos?
Eis uma questão mais elevada do que o por quê.
Por quem eu me levanto cada manhã?
Por quem eu trabalho, eu penso, eu estremeço, eu reflito?
Por quem, para quem eu falo?
Quem pode escutar meu silêncio, respirar o meu sopro?
Podemos viver para nós mesmos e só isso basta para fazer de si mesmo um outro.
Podemos viver para uma mulher, um homem, uma criança.
Podemos viver para ideias, um país, um Deus?
Sem dúvida, precisamos de rostos que encarnem essas ideias, essas paisagens, esse Deus. De outro modo, isso permanecerá no mundo das ideias; nossos mais belos pensamentos são pensamentos disso, e Isso é apenas pensamento. Nossos mais belos livros nunca nos abraçaram. A natureza, por vezes benévola, nem sempre tem ombros.

O Cântico nos revela que o amor é a graça de viver por alguém, e é isso que dá sentido e sabor à nossa vida. É uma relação que deve ser incessantemente entretida; sim, entre-ter, manter unido aquilo que está "entre"[51]. Deus é esse ponto inacessível onde se encontram dois olhares, aquilo que se mantém ali, "entre".

---

51. No original em francês: "...c'est une relation sans cesse à entretenir, oui, entre-tenir, tenir ensemble, à ce qui est 'entre'". Em francês, a palavra 'entretenir' ('entreter') pode ser dividida em duas: 'entre' ('entre') e 'tenir' ('segurar', 'reter', 'conservar', 'manter', 'possuir') [N.T.].

Os sábios taoistas já diziam que a terra não vive para si mesma, ela vive para o céu; assim como o céu não vive para si mesmo, ele vive para a terra. A terra está voltada para o céu, o céu está voltado para a terra e o ser do homem se mantém no meio; ele é o seu encontro. O cristianismo dirá, utilizando outra linguagem, que Deus é feito para o homem e o homem é feito para Deus[52].

O Ser em si e para si é "o ser-para-a-morte"[53]; o ser para o outro e pelo outro, o ser para o amor e pelo amor é o ser para a Vida que não morre, a Vida eterna.

Só existe o amor que não morre; aquilo que demos; nada nem ninguém pode tomá-lo de nós. A morte não pode nos tomar uma vida que foi dada; talvez só tenhamos escolha entre uma vida dada e uma vida perdida. "Minha vida, ninguém ma tira de mim, mas eu de mim mesmo a dou" (é "Eu sou" que se dá), disse Yeshua (Jo 10,18).

Amar o outro é entrar no movimento da Vida que se dá, a única vida que não morrerá, "eu por ele, eu para ele ou eu voltado para ele", "ele por mim, ele para mim ou ele voltado para mim"; essas pequenas frases são abismos ontológicos, elas nos revelam que o fundo do Ser é relação, que o fundo do Ser é amor, seja o amor "entre" dois seres humanos ou o amor "entre" o ser humano e o Ser divino, "entre" o ser finito e o Ser infinito.

Essa relação amorosa, com tudo aquilo que existe, nos faz passar (Páscoa) do mundo dos objetos ao mundo das presenças; tudo é Tu, tudo tem um semblante, tudo nos olha. E isso não é apenas contemplação, filocalia, descoberta do belo, mas engajamento ético.

Eu sou responsável por ti, pela minha relação contigo. E esta é uma tarefa imensa, a cultura de um respeito inaudito para com tudo aquilo que vive e respira, "este é o teu corpo", "isto" ainda é Tu.

---

52. Deus se fez homem para que o homem se tornasse Deus, respondem incessantemente os Padres da Igreja.
53. HEIDEGGER, M. *Ser e tempo.* Op. cit.

"O pastor das rosas", o guardião do Ser, o guardião da Vida que se dá, que faz com que a rosa dispense seus aromas a todo o jardim. Mais do que o pastor do Ser, o homem é o pastor do ser que é relação, o Infinito que tem um rosto, o Infinito que se contempla de frente, o Ser que se encontra e se reconhece como Outro. A questão colocada a Caim não é: "O que fizestes do Ser?", mas "O que fizestes de teu irmão?"

Cuidar do Ser não é apenas cuidar do ser em si e em todas as coisas; é cuidar da relação que religa todas essas coisas, todos esses "isso" e elevá-los à dignidade de estar presente, de ser "tu por mim", "eu por ti".

Poderíamos imaginar uma atitude científica que não "apague os semblantes dos seres" e desvie o olhar, mas que, pelo contrário, lhes dê um semblante e os olhe de frente? Será que a física quântica nos "obriga" a isso quando ela define a identidade das partículas pela aleatoriedade de um encontro?

O fundo do Ser é liberdade infinita; não podemos nem compreendê-lo, nem capturá-lo, nem objetivá-lo. Não há objeto, há apenas pessoas (per-son-a), e é através disso que a energia (a vida), a consciência, circula. Tudo não passa de movimento, fluxo de uns em direção aos outros. Tudo nada mais é do que Amor, diria o poeta ou o evangelista (cf. Primeira Epístola de João).

17.

> Antes que venha o sopro do vento,
> refrescando o dia
> e fazendo as sombras saírem em fuga.
> Volta-te,
> faze-te semelhante, meu Bem-amado,
> às gazelas,
> aos jovens cervos
> sobre as montanhas da Aliança!

As traduções diferem. Enquanto a Bíblia de Jerusalém fala de "montanhas da aliança", a TEB traduz o versículo da seguinte maneira:

> Sê comparável, meu querido
> a uma gazela ou ao gamo de um cervo
> sobre os montes separados.

E Chouraqui:

> Assemelha-te a ti mesmo, meu amado dos cervos e dos gamos das corças sobre os montes da ruptura.

A tradução literal de *al harei vater* (ou *bether* da raiz *bathar* – "dividir", "cortar") seria: "os montes das vítimas cortadas em dois". A expressão remete ao Livro do Gênesis (cap. 15), ao versículo que fala de uma aliança concluída com Abraão. Este oferece a YHWH/Deus animais que ele cuidadosamente "cortou" em dois; em seguida, a chama (a tocha) de YHWH passa entre as duas partes separadas. Isso lembra a Abraão que é Deus quem mantém o "dois"; as partes separadas, unidas.

Ele é a Vida por quem tudo existe e que mantém todos os elementos distintos do mundo na unidade da sua presença. Assim, a palavra *bether* quer dizer ao mesmo tempo "ruptura, corte, separação, destruição", mas também "aliança".

Para que haja aliança é preciso que haja separação, até mesmo corte ou ruptura. Só podemos unir aquilo que é diferenciado, e o verdadeiro Amor nos diferencia tanto quanto nos une; ele devolve cada um a si mesmo, para que cada um, ao afirmar sua alteridade e sua diferença, mostre-se capaz de relação e de aliança[54].

---

54. A ipseidade humana é à imagem da ipseidade divina e torna essa relação "possível". Trata-se de dois "seres abertos", cuja abertura é infinita; o que "separa" duas ipseidades é infinito e o que as une é esse mesmo Infinito. A ipseidade permanece insuperável, toda questão torna-se, então, inútil. A evidência do Amor é inalcançável e incompreensível.

Essa montanha de *Bether* é um dos ápices do amor, onde se revela o Terceiro, o fogo que nos une e nos diferencia. – Além de toda fusão e de toda separação; além de toda ruptura e de toda mistura.

Desse modo, descobrimos que o Amor não depende de nós, mas do Terceiro, da sua chama e da sua luz que passa entre nós. Se o Terceiro não estiver lá, nós permaneceremos no desunido, no cortado e na separação; nós seremos sempre dois e dualidade.

Para ser Um, é preciso ser Três: o amante, a amada e o Amor. Caso contrário, será apenas dualidade dualista e unidade indiferenciada; ainda não poderemos falar de unidade diferenciada: aliança.

O corte, a ruptura, o afastamento são por vezes necessários para descobrirmos o que mora "entre" nós e que não faz parte de "nós", a soma de um tu e um eu, mas sempre sendo mais do que tu e eu, mais do que nós mesmos, todo Outro que nós mesmos, que Ele e eu.

Falamos por vezes da indissolubilidade do casamento, mas o que pode ser "indissolúvel" entre dois seres? Não é tudo solúvel no tempo e na trivialidade da vida quotidiana? Que amor pode resistir a isso? Como não nos perdermos nas areias movediças dos hábitos? A libido, a afetividade, os projetos em comum, os filhos, tudo é levado pelo tempo; se não forem levados pela montanha da ruptura, serão levados pelo vale da usura – fadiga, desgosto, nojo, cansaço de estar junto. Daí a importância, como nas Bodas de Caná, de convidar o Terceiro às nossas núpcias.

Quando o vinho vem a faltar, quando a alegria de estar juntos se atrofia e as águas cinzentas do quotidiano não matam mais nossa sede nem nosso desejo de embriaguez, é necessário encarar esse Amor, que é um Outro entre nós, e acreditar que ele pode transformar a água em vinho e fazer das nossas diferenças, dos "nossos montes separados", as montanhas da Aliança.

Unir nossas duas mãos não é colá-las uma contra a outra, mas respirar o espaço que está ali entre as duas, esse espaço vazio, necessário à relação e que é a própria relação. Frequentemente falta espaço às nossas relações, espaço entre nós, entre o tu e o eu, o eu e o tu, e, no entanto, esse "Ele", mais do que "isto", é indispensável e indissolúvel.

Saber que o nosso amor não depende apenas de nós deveria nos tornar mais leves e menos culpados quanto àquilo que consideramos como nossos fracassos ou sucessos. O fogo do amor não nasce apenas do atrito de nossas espinhas vertebrais; ele desce do céu, ele transcende nossos humores e pode sobreviver, se for invocado, evocado e acolhido no desgaste das nossas relações.

Nov demeh lekha dodi. "Vira-te", vira-te para mim – há novamente este *lekha*, que esquecemos de traduzir e que é, no entanto, necessário à compreensão do texto e à investigação do Amor.

Meu Bem-amado (*Dodi*), sê tu mesmo, sê outro do que eu, eu cantarei a tua diferença; deixa-me ser eu mesma, vivamos sobre montes separados, permaneçamos em nossa ipseidade, nossa identidade inalienável. Nós temos um encontro "entre" nós. Essa distância que nos afasta e nos diferencia é a mesma que nos mantém unidos e aprofunda nossos vínculos. Nós jamais estaremos separados, em ruptura total, enquanto permanecermos juntos, conscientes do Terceiro, este Amor de onde nascem nossos amores. "Porque nele vivemos, e nos movemos e existimos" (Nele temos a vida, o movimento e o ser) (At 17,28). Nele nós sempre somos livres, jamais forçados a nos amar; nosso amor não é uma fatalidade, ele não é um sim ao inelutável, ele é a escolha de uma aliança entre duas liberdades. Dois cumes de uma única montanha infinitamente próxima e sempre longe.

Marguerite Porète chamava o seu Deus e o seu Bem-amado de "o longe-perto". Em duas palavras podemos falar melhor sobre aquilo que os eruditos e os teólogos têm tanta dificuldade em manter unidos: a imanência e a transcendência do Amor ou a imanência e a transcendência de Deus. O Cântico nos diz que é a hora em que "vem o sopro do vento refrescando o dia e fazendo as sombras saírem em fuga", o instante "entre" nós é sempre uma aurora.

5 Canto III

1.

Em minha cama, à noite,
busquei aquele que meu coração ama.
Eu o busquei, mas não o encontrei.

Já é uma grande coisa saber quem é aquele que nosso coração ama. Se soubéssemos o que queremos, o que realmente desejamos, já haveria em nós uma grande paz.

A bem-amada sabe quem é o seu bem-amado, o amado da sua vida, ela sabe por quem ela vive e respira, mas é próprio do amor continuar buscando aquilo que já encontramos, desejar ainda mais aquilo que já nos é dado. A bem-amada descobre que o seu bem-amado deve sempre ser buscado, descoberto; ele não é um "objeto encontrado" de uma vez por todas, como dirão os místicos a respeito do Bem-amado divino.

Aquele que nós conhecemos no mais íntimo do nosso ser permanece sempre outro, sempre inacessível, "não encontrável" enquanto coisa, sentimento ou experiência que poderíamos capturar ou compreender.

Eu realmente o busquei na minha cama à noite, para saber qual é a sua essência, onde ela começa e onde ela termina, em que consiste sua existência, mas eu não o encontrei. Eu chamei Aquele que não podemos nomear por tantos nomes quanto me foram possíveis, mas nenhuma virtude presente em nome algum poderia chegar até aquele que eu buscava. Pois como poderíamos alcançá-lo chamando-o pelo nome, aquele que está acima de todo nome?[55]

Assim, sua presença é também uma ausência, "uma ausência real", por vezes mais real do que todas as presenças imediatas. Qual-

---

55. III, Gregório de Nissa. In: LALOU, F. & CALAME, P. Op. cit., p. 195.

quer apaixonado pode fazer essa experiência: aquele que nosso coração ama pode habitar ou viajar para longe, ele estará mais presente para nós do que todos os seres que nos cercam; essa presença/ausência nos despedaça e nos preenche ao mesmo tempo. Com o "longe-perto" estamos sempre em exílio e sempre sobre a Terra Prometida.

Na cama, à noite, eu o busquei,

Sua presença em sonho ou em pensamento não me basta.

Essa presença/ausência não me satisfaz.

Apenas uma presença total, transcendente e imanente, apenas o Infinito pode responder ao infinito do meu desejo.

Portanto, acordar e levantar-se torna-se uma necessidade, é impossível dormir, impossível ficar no mesmo lugar.

2.

> Eu me levantarei,
> eu percorrerei a cidade.
> Nas ruas e nos mercados,
> buscarei aquele que meu coração ama.
> Eu o busquei,
> mas não o encontrei.

São João da Cruz, fazendo eco ao Cântico, dirá que, ao percorrer as montanhas e as colinas, contemplando todo tipo de beleza, ele ali encontra reflexos do Bem-amado, do Logos, da informação criadora, mas ele não pode se satisfazer com isso, é o próprio Deus, na sua essência, que ele quer contemplar.

É claro, a criação é, por assim dizer, Ele – seu corpo e sua manifestação. Mas o que o seu coração ama é Ele em si mesmo; quando tocamos o Ser na sua nudez, pouco nos importa a beleza das suas roupas.

João, em sua Epístola, nos diz: "Nós veremos Deus como Ele é, pois seremos semelhantes a Ele" (1Jo 3,2). É essa promessa que imanta a nossa busca: ver Deus como Ele é, ver o Amor como ele é em sua essência, e não apenas como nós podemos pensá-lo, imaginá-lo, acreditá-lo, experimentá-lo, pois nada nem ninguém poderia reduzi-lo ao seu pensamento, à sua imaginação, à sua lei, à sua experiência.

"Nós o conheceremos como Ele é, pois seremos semelhantes a Ele." É o semelhante que conhece o semelhante, é a luz que conhece a luz, é o silêncio em nós que conhece o silêncio, o abismo chama o abismo, é a essência do amor em nós que conhece a essência do amor em Deus, é a nossa ipseidade que conhece a sua ipseidade, é o meu "eu sou o que eu sou" que conhece *Eyeh Asher eyeh*, "Eu sou o que Eu sou".

Por que devemos buscar Aquele que está dentro do lado de fora? Ou melhor, como Ele é tudo, não há mais nem dentro nem fora, então onde buscá-lo? Basta estarmos aqui, no aberto do instante para acolhermos Ele que vem, a vida que se dá, oceano sempre pleno e jamais cheio.

3.

> Os guardas que rondam
> pela cidade, acharam-me.
> "Vistes aquele que meu coração ama?"

A tradição judaica verá Moisés e Aarão nesses "guardas" ou, de maneira mais ampla, as Escrituras, a Lei e os profetas que "guardam o coração" e orientam seus desejos. A tradição cristã dirá a mesma coisa, acrescentando as palavras dos evangelhos.

É nos escritos dos santos e dos sábios que podemos encontrar a presença do Bem-amado, a verdade, a paz que nosso coração ama, aquilo que desejamos acima de tudo. No entanto, temos essas palavras estranhas e tristes de Yeshua: "Examinais as Escrituras porque vós cuidais ter nelas a vida eterna, e são elas que de mim testificam" (Jo 5,39) – lemos todo tipo de palavras sublimes sobre o Amor e não amamos? Idolatramos a letra e não saboreamos o Espírito. De que serve falar de Deus, de luz e de Amor, se não amamos, se não vivemos na luz, se não encarnamos essa Presença que nos busca tanto quanto nós a buscamos?

Sem dúvida, não devemos nos deter junto aos guardas, não devemos nos satisfazer com o que eles disserem; não seria preciso ultrapassar a letra da Lei e dos Profetas para conhecer a graça da Presença que estava aqui, antes e após tudo ter sido escrito?

4.

> Mal os deixara,
> quando encontrei aquele que meu coração ama.
> Agarrei-me a ele,
> e não mais o largarei.
> Eu o farei entrar
> na casa da minha mãe,
> no quarto
> daquela que me concebeu.

Após este tempo de busca onde o amor foi colocado à prova em sua ausência, sua irredutível alteridade, sempre transcendente àquilo que dele podemos compreender, eis novamente a presença do Bem-amado que se manifesta no íntimo da Bem-amada e, novamente, ela delira: dessa vez ela não o largará, ela o guardará melhor do que todos os guardiões da paz e outros policiais, ela o guardará na casa da sua mãe, no quarto daquela que a concebeu – belo delírio e bela ingenuidade trazer o Desconhecido ao conhecido; é como querer traduzir as descobertas da física quântica para as categorias da física newtoniana. Não se trata mais do mesmo nível de realidade, tampouco do mesmo modo de conhecimento ou, na linguagem de Yeshua: "Não se deita vinho novo em odres velhos" (Mt 9,17).

Só podemos explorar as profundezas ou as alturas do Amor através de uma mudança de coração. Um ser finito não pode conter um ser infinito, uma ânfora não pode conter um rio. A ânfora da Bem-amado transborda e ela vê que todo o rio está ali, ou seja, aquilo que ela pode conter; aquilo que ela pode conhecer do seu amor permanecerá sempre incognoscível.

A Bem-amada dá um passo além daquilo que a "guarda" na forma, um passo além do eu; o Outro está aqui, mas ele não se deixará trancar na casa da sua mãe, ele não se deixará levar de volta às categorias do conhecido, aos limites do eu. O desejo que ele desperta nela transborda todas as relações.

5.

> Eu vos conjuro,
> filhas de Jerusalém,
> pelas gazelas,
> pelas corças dos campos...
> Não acordeis,
> não desperteis o meu amor
> antes da hora do seu desejo!

O Amor não pode ser objeto de uma expectativa, de um desejo; ele não responde a uma expectativa, a um desejo.

Enquanto fizermos do Amor uma realidade a ser esperada, uma realidade que podemos ter e possuir, corremos o risco de passar ao largo do Amor.

Amar alguém é renunciar a tê-lo, é estar com ele sem jamais pretender ser sua coisa querida e pertencer-lhe.

Não alcançamos o espaço

Nós estamos nele

Não chegamos ao silêncio.

Ele está sempre aqui, quaisquer que sejam os barulhos com os quais o preenchemos. O amor não é uma realidade fora de nós que deveríamos alcançar. Ele não nos chega vindo de fora, ele se dá a partir do lado de dentro. Nós buscamos alcançar o que não pode ser alcançado, aquilo que está fora de alcance. Quando conseguimos compreender isso, esvaziamos nossas tensões, entramos em um grande relaxamento, uma grande disponibilidade. O que está "fora de alcance", aquilo que chamamos de Deus, o Infinito, o infinito Amor, a graça, pode então se espalhar, manifestar-se na nossa abertura.

Jamais merecemos o amor, ele é da ordem da graça; não podemos despertá-lo ao nosso bel-prazer. Trata-se apenas de estarmos aqui, no aberto, disponíveis ao seu bel-prazer, à hora do seu desejo.

Buscar refúgio em Deus não é buscar refúgio em um lugar, que seria o coração ou o mais íntimo de nós mesmos, é descobrir o Espaço que nos contém e contém todas as coisas; aqui é nossa verdadeira morada (o não lugar, o "não onde").

Estar no Amor não é estar em um estado de consciência particular, uma emoção, um sentimento, uma compaixão; não é estar em uma percepção ou em uma experiência do amor, é ser o Amor e estar nele, por Ele, com Ele; tudo existe.

É não estar em uma percepção do infinito, é ser o Infinito; enquanto tivermos uma expectativa, um desejo particular, o Infinito não pode abrir suas asas em nós "como ele é", mas apenas em um modo finito. O Real não pode se dar "como ele é", mas apenas como realidade que nós somos capazes de conter; Deus não pode se revelar "como Ele é", mas como nós somos capazes de acreditar, de imaginar, de pensar, de acolher, de experimentar. "Para" ver Deus "como Ele é" é necessário sermos seus semelhantes; o finito não pode conhecer o Infinito.

O Infinito Amor se conhece e se manifesta no finito, mas ele mesmo não pode ser conhecido. Ele é a luz que não podemos ver, mas que nos faz ver todas as coisas – "Não acordeis, não despertais meu amor".

Ele nunca dormiu! Será necessário aguardar o dia, será necessário esperar que a noite chegue ao fim? Ele é a noite e o dia. O amor é uma grande paciência, uma grande paixão, é suportar ou "pastorear" o tempo do outro, seu ritmo que jamais é completamente o nosso.

"O pastor das rosas", o pastor do Ser, é este que sabe "pastorear" suas ovelhas, seus caprinos e todos os seus caprichos; ele está sempre à espera do inesperado.

O futuro de um amor nunca é previsível, ele frustra os projetos da razão e por vezes conduz essa razão não à sua perda, mas à sua transformação.

O amor e a vida, mas também a fé e a esperança que os acompanham, nos obrigam a essa páscoa, a essa passagem ou a este "salto" no e através do vazio.

Quando não temos mais razão alguma para viver, começamos a viver de verdade, gratuitamente, sem nos preocupar com o sentido; é no momento em que não temos mais nenhuma razão para acreditar, que começa a fé. Será que podemos falar de fé enquanto tivermos provas e razões para acreditar? É quando não temos mais nenhuma razão para esperar que começa a esperança. Quando não temos mais nenhuma razão para amar começa o verdadeiro amor, a graça de amar. O que chamamos de absurdo ou desespero é apenas a perda da nossa razão e das nossas razões para acreditar, esperar e amar.

Como passamos das nossas razões de viver, acreditar, esperar, amar à graça de viver, acreditar, esperar, amar? Pela decisão, a pura decisão, o ato livre liberto de todas as suas razões para viver, acreditar, esperar e amar.

A vida nos conduz incessantemente a esses impasses nos quais torna-se impossível viver e ter todas as boas razões para dar um fim à vida.

Se continuo a viver, eu descubro que não há sentido na vida; "Eu sou" é o sentido da vida. Essa afirmação, essa decisão é o sentido da vida.

O amor nos conduz incessantemente a impasses, a situações absurdas nas quais é vão, ridículo ou impossível amar, mas eu decido "amar, apesar de tudo", assim como acredito e espero, apesar de tudo; isso não faz sentido, minha decisão "é" o sentido. Escolher amar, ser amor, ao invés de nada; nada poderia ser mais absurdo e nada poderia ser mais sensato. É isso que chamamos de liberdade, é o que os santos e os apaixonados chamam de graça.

6.

> Quem é esta
> que sobe do deserto,
> como colunas de fumaça,
> vapor de mirra e de incenso,
> todos os perfumes exóticos?

Esse "salto", essa "páscoa" (*Pessah*) através do abismo, nós chamamos, na tradição hebraica e cristã, de experiência ou passagem através do "deserto". É pela paciência (paixão) com a qual suportamos a experiência do deserto e do vazio que verificamos a profundidade e a sabedoria de um amor.

A Bem-amada parece sair triunfalmente dessa provação; a ausência do amado, ao invés de extinguir seu amor, pelo contrário, o confirmou e o aprofundou. Muitas ilusões transformaram-se em fumaça, mas no coração dessa fumaça há um perfume de incenso, um perfume que sobe e que a eleva; o perfume da graça, da gratuidade do amor.

Perfume que parece vir de outro lugar, do mais profundo dela mesma, perfume "exótico".

7.

> Eis o leito de Salomão!
> Sessenta heróis o circundam,
> os heróis de Israel.

8.

Todos com espada na cinta,
iniciados na guerra;
cada um traz seu gládio sobre a coxa,
pronto para os embates da noite.

Segundo a tradição hebraica, o leito de *Shalomon* é a *Shekinah*, o lugar do seu repouso. O lugar onde pousa e repousa o Amor, o templo deitado ou horizontal onde a Presença de YHWH/Deus se faz mais doce.

Os sessenta heróis seriam as sessenta letras da bênção transmitidas por Moisés, mas esse repouso e essa bênção da Santa Presença, após a passagem pelo deserto, também devem saber se servir da espada, ser iniciados à guerra e saber enfrentar a noite. O amor nem sempre é repouso, mesmo que o repouso seja o seu objetivo e a sua recompensa.

A espada, o conflito (*polemos*, a "guerra") e o enfrentamento também fazem parte do vocabulário do amor; "amor sem fricção corre o risco de ser apenas pura ficção".

É preciso saber servir-se da espada, ou seja, da palavra, para podermos afirmar, além das nossas opiniões ou das nossas escolhas, nossa identidade.

A palavra, assim como a espada, é o órgão ou o instrumento da diferenciação. A espada não está ali para matar, mas para abrir o caminho, abrir um espaço na selva das palavras e dos mal-entendidos.

"Por que os mortos são pesados?" Eles são pesados devido a todas as palavras que não puderam dizer. A comunhão no silêncio será mais profunda se ela for precedida por um enfrentamento de palavras verdadeiras, onde cada um tem o direito de pensar de maneira diferente e compartilhar um desejo contrário. Dar a palavra, o direito à palavra, um ao outro e também dar o direito ao silêncio, é uma condição óbvia para que possamos nos "ouvir".

Como o amor pode nos "iniciar à guerra", a uma "guerra santa" ou a um combate justo? Hoje em dia, as palavras tornaram-se pesadas de violência e terror, mas é preciso nos lembrar que a verdadeira guerra santa (a grande *djihad* sobre a qual fala o Corão) é a guerra contra nossas más inclinações, contra aquilo que destrói em nós a beleza, a bondade e a verdade, a luta contra os vícios e as perversões que envenenam o amor e a harmonia entre os seres.

Os amantes dedicam-se a essa guerra santa, mas eles jamais visam a destruição do outro; pelo contrário, eles visam sua realização, sua transformação, em grego, sua *metamorphosis* ou "transfiguração".

Nascemos lagartas, mas a verdade do nosso ser não é lagarta (o ser para a morte), mas borboleta (ser para o amor, desenvolvimento do ser pela graça das asas inscritas nos genes dos amantes). Nós estamos juntos para nos conduzirmos, um ao outro, rumo à nossa realização, e isso não é possível sem que enfrentemos o torpor, o tédio, o desespero e todas as forças da noite.

A espada do discernimento é, então, necessária; o amor não é complacência, cada um pode dizer ao outro o que ele considera ser a verdade. Ser verdadeiros juntos nos impede de ficarmos estagnados; pedir ao outro e a si mesmo "o melhor" daquilo que somos – Haverá um outro caminho para não se deixar atolar na rotina, no hábito, na mediocridade daqueles que consideram o amor como uma aquisição? Como se o amor pudesse ser uma aquisição, possuído de uma vez por todas, como se não fosse necessário conquistá-lo a cada dia com brava luta, como se a fidelidade ao amor não fosse também um combate, um combate contra nossas covardias, nossas inconstâncias, nossa fraqueza ou nossas frouxidões.

Antes que a *Shalom*, a paz, a invencível tranquilidade do coração reine em nós, como Salomão sentado sobre seu trono em madeira do Líbano, há um deserto a ser atravessado, uma noite a ser enfrentada. É o gládio do amor, a palavra justa, que nos permite sair dos falsos semblantes, das caricaturas da afeição, de todas essas ilusões ou mecanismos de defesa engendrados pelo medo. Essa espada não fere ninguém, ela ceifa as ervas daninhas que nos sufocam e ela força as serpentes enterradas nas nossas entranhas a dar o seu veneno a fim de fazer com ele, como com o fel do peixe no Livro de Tobias, um remédio ou um antídoto. Basta uma centelha para afastar a noite, basta uma palavra verdadeira para que se dissipe entre nós essa sombra acumulada por séculos de mal-entendidos entre o homem e a mulher.

Seria a sabedoria do amor a derradeira tentação, a última esperança? A derradeira chance de chegar, enfim, a algum lugar, a derradeira oportunidade para sair de algum lugar?

9.

> O Rei Salomão
> mandou fazer para si um trono
> de madeira do Líbano.

10.

> As colunas são de prata,
> o baldaquim de ouro,
> o assento de púrpura.

11.

> Vinde contemplar,
> o Rei Salomão!
> portando o diadema,
> com o qual sua mãe o coroou,
> no dia das suas núpcias,
> no dia da alegria do seu coração.

Após o deserto, o combate e os enfrentamentos da noite, o amor enraizou-se mais profundamente nos amantes, seu trono é um corpo sólido, reto e elevado (madeira do Líbano), habitado pela inteligência e a atenção (a prata), a confiança (o ouro), o amor gratuito (a púrpura), a paz (*shalom*). A infinita doçura de YHWH/Deus coroa este amor e é o sinal da sua realização.

> Uma tradição nos ensina que na época em que o santo, abençoado seja, deu a Lei a Israel, uma luz jorrou da região celeste chamada de "Doçura"; e, formando uma coroa acima do santo, abençoado seja, ela iluminou todos os mundos, todos os firmamentos e todas as coroas[56].

Esse símbolo da coroa está muito presente no ritual do casamento ortodoxo. Não nos casamos para colocar a corda no pescoço, mas para nos coroarmos um ao outro.

Essa coroa é geralmente feita de flores recentemente colhidas; isso lembra aos esposos que estar juntos é ajudar-se um ao outro para florescer e carregar seus próprios frutos; é ir um em direção ao outro, através da nossa liberdade, nossa realeza ou soberania afirmadas.

Não há um mestre e um escravo, mas dois "senhores", dois sujeitos livres, duas "humanidades" que se inclinam uma diante da outra, sem submissão e sem dominação. O coroamento recíproco é renúncia ou suplantação das nossas tendências sadomasoquistas (para utilizar a linguagem contemporânea). Esses prazeres tristes e esse comportamento banal que consiste em se submeter e em se fazer objeto do outro ou dominar e fazer do outro sua coisa. As flores murcham, os frutos apodrecem, resta então apenas a coroa de espinhos. Aqueles que suportam carregar as coroas de espinhos juntos pertencem às humanidades que se despedaçam! Por quê? Talvez as flores com as quais nos coroamos sejam flores mortas, separadas e cortadas da seiva da árvore.

O Terceiro entre nós, cuja Presença é fonte de amor renovado, permitirá que as flores cortadas da árvore da vida, floresçam; mas também fanem sem medo, pois nós não estamos juntos durante uma

---

56. III-11, Zohar II, 58a. In: LALOU, F. & CALAME, P. Op. cit., p. 199.

única primavera, a alternância das estações e dos climas de amor renova-se incessantemente.

Contudo, no texto não são apenas os amantes que se coroam ou ao outro. O diadema usado por Salomão é o seguinte:

> com o qual sua mãe o coroou,
> no dia das suas núpcias,
> no dia da alegria do seu coração.

Será possível ser um Salomão, um humano sábio e apaziguado, enquanto nossa mãe não nos tiver coroado, ou seja, enquanto nossa relação com nossa origem (terrestre e celeste) não estiver reconciliada e pacificada?

A mãe que coroa seu filho no dia das suas núpcias realiza sua maternidade. Ela colocou um homem no mundo, ela o coloca agora nos braços de uma outra, ela abençoa a relação que existirá entre esses dois mundos. Ela amou seu filho não apenas para si (vem, fica comigo), não apenas para ele mesmo (vai para ti mesmo, tua independência, tua liberdade), ela o ama na sua relação com o outro, no dom que ele fará de si mesmo a um outro. Ela renuncia a guardá-lo, a tê-lo, ela entra no movimento da Vida que dá e se dá.

Ela conhece, então, o grande "dia da alegria do seu coração". Existe alegria maior do que esse livre despossuir e a oferenda daquilo que temos de mais caro?

Feliz mãe de Salomão! Poderemos dizer mais tarde: "Feliz mãe do Cristo"? Sob sua coroa de espinhos e de infâmias ela continua a coroá-lo com ternura e amor. Seu *magnificat*, seu *stabat mater* tem aqui acentos tão sublimes, que dele só guardamos a doçura. Quem ousaria dizer que uma tal dor transfigurada pelo amor eleva-se ainda mais alto do que a alegria?

Talvez sejamos chamados a nos tornar pai ou mãe para aprendermos a conhecer este "Amor-aqui"; se isto não for aquilo que chamamos de Deus, com Ele se parece.

6 Canto IV

1.

> Como tu és bela, minha Bem-amada,
> como tu és bela!
> Teus olhos são como pombas
> sob teu véu.
> Teus cabelos são como um rebanho de cabras
> ondulando sobre os declives de Galaad.
> Como és bela,
> como tu és belo.

É novamente o tempo da celebração e do louvor. O reconhecimento da beleza do outro, aquele que não podemos possuir, mas que se dá a nós quando nos tornamos capazes de acolhê-lo, quando despertamos em nós o olhar da filocalia, o olhar da pomba, o olhar voltado para o belo.

A respeito do olhar da pomba, Gregório de Nissa vê nele um espelho, um espelho livre que reflete aquilo para o qual ele está voltado; quando a alma e o desejo humanos estão voltados para o caos, eles refletem o caos, quando estão voltados para a luz e a beleza, eles refletem a luz e a beleza. Tornamo-nos e somos aquilo que amamos.

> Como tu és bela, minha Bem-amada,
> como tu és belo, meu Bem-amado.

Tanto um quanto o outro têm olhos de pomba, voltados para a luz e a beleza da sua essência comum.

> Já que nada mais me parece belo e eu me afastei de tudo aquilo que antes eu considerava entre as coisas belas, jamais o meu julgamento sobre a beleza se perdeu, a ponto de me fazer achar bela outra coisa além de ti, seja o louvor dos homens, a glória, o renome ou o poder deste mundo. Pois essas coisas têm, para aqueles que as olham apenas com os sentidos, uma aparência de beleza, mas elas não são o que cremos. Como poderia ser belo o que não

possui nenhuma existência? Ora, o que é honrado neste mundo só possui existência no pensamento daqueles que creem que isso existe. Mas tu, tu és verdadeiramente belo. Tu não és apenas belo, tu és a própria essência da beleza; tu permaneces sempre semelhante a ti mesmo; tu és eternamente aquilo que tu és; tu não floresces um momento para perder tua flor em outro; mas a tua beleza estende-se à toda a eternidade da vida. Tens por nome: Amor dos homens[57].

Amor infinito que se desvela no coração dos nossos amores limitados.

> Teus cabelos são como um rebanho de cabras ondulando sobre os declives de Galaad.

Segundo os antigos, a maneira como uma mulher trança ou solta seus cabelos é cheia de sentido. Duas tranças: a jovem é virgem; uma única e longa trança: a jovem é casada ou não está disponível. Se ela acrescentar uma fita a essa trança, é sinal de que ela está indisposta. Quando os cabelos estão soltos, isso significa que ela está livre, o que não quer dizer disponível. É dessa maneira que, ao contrário da Virgem Maria que mantinha os cabelos bem-arrumados sob seu véu, Maria Madalena é representada com os cabelos soltos, cachos ondulando ao vento, caindo sobre suas costas como "cabras sobre os declives de Galaad". É preciso lembrar também o simbolismo da cabra.

A estrela da cabra na Constelação do Cocheiro anuncia a tempestade e a chuva, ela simboliza o relâmpago. YHWH/Deus manifestou-se a Moisés no Sinai entre raios e trovões, e como lembrança desta manifestação, o pano que cobria o tabernáculo, o Santo dos Santos para os hebreus, era composto por pelos de cabras. Desta forma, dizer a uma mulher "que ela tem a pele de uma cabra" é o elogio

---

57. GREGÓRIO DE NISSA. *La colombe et la ténèbre* [A pomba e a treva]. Cerf, 2009, p. 42.

mais elevado que pode ser feito. Isso quer dizer que ela é considerada como um tabernáculo, um templo, uma morada de Deus. Dizer que seus cabelos ondulam como um rebanho de cabras, é dizer-lhe que ela está cercada de raios e de beleza, sendo assim à imagem e à semelhança de Deus.

Esses elogios não correm o risco de enternecer os elegantes dos nossos dias, pois a cabra, seu leite e seus pelos, só são preciosos para os hebreus. Os gregos acreditavam que seu grande deus "Zeus" tinha como mãe a cabra Amalteia; dito de outra maneira, a luz (significado da palavra "Zeus" em grego), nome do Raio ou de uma luz mais intensa.

Em um nível mais trivial, a palavra "cabra", "capri", dará origem à palavra "capricho". O amor não é apenas profundo, soberano ou trágico; ele também sabe ser impulsivo, caprichoso, imprevisível como a cabra que desce da montanha. As relações do Bem-amado e da Bem-amada também podem ser leves e seguir a ordem do jogo.

O jogo de esconde-esconde parece estar muito presente no Cântico dos Cânticos; este jogo também é praticado por Deus com o homem e pelo homem com Deus. Com a palavra, o Livro do Gênesis: "'Adão, onde estás?' Responde a palavra do salmista: 'Realmente, Tu és um Deus oculto'".

Segundo Élie Wiesel e a tradição hassídica, uma criança pergunta a seu avô: "Por que está escrito: 'Deus é um Deus oculto?' O avô lhe responde: 'Deus se esconde para que você o procure. Imagine que você está brincando de esconde-esconde com alguém; imagine que após ter procurado bastante, você o encontra e é a sua vez de se esconder'".

Você se esconde, mas o outro não o procura mais e você fica ali, durante horas, e ninguém chama por você, ninguém se aproxima, você está ali sozinho, escondido atrás da sua árvore. Imagine a sua dor ao descobrir que o outro não está mais brincando, ele voltou para casa, ele deixou de procurá-lo. É assim: Deus se esconde, nós não o procuramos mais, nós não sabemos mais brincar, imagine a sua dor...

O amor é o "grande jogo". Como seria a vida se o homem e a mulher não se buscassem mais, se eles não se perdessem um ao outro para melhor se encontrar?

Encontrar-se, perder-se, buscar-se, reencontrar-se – Não é esse o jogo do Bem-amado e da Bem-amada no Cântico dos Cânticos?

O que seria da vida se o amor não jogasse com ela? A vida ainda seria viva? Não basta ser, é preciso existir; existir não é o suficiente, é preciso ainda viver; viver não é o suficiente, é bom viver conscientemente; viver conscientemente não é o suficiente, é melhor viver amorosamente, colocar sua vida em jogo.

2.
> Teus dentes
> são como um rebanho de ovelhas
> que sobem do bebedouro;
> de duas em duas, nenhuma solitária.

"Teus dentes são como ovelhas" – a imagem ou o elogio pode surpreender, assim como a pele de cabra. Dizer à sua Bem-amada que os seus dentes são como ovelhas é dizer-lhe que ela não tem dentes para morder, mas dentes para sorrir. O amor transformou toda agressividade que existia nela.

A agressividade não é obrigatoriamente algo ruim, é energia, e é preciso muita energia para amar; mas tudo depende da orientação dessa energia, voltada para a destruição ou para a criatividade, tudo depende do bebedouro, da fonte dos nossos atos.

Utilizando a linguagem do Apocalipse de João, poderíamos perguntar se o coração/fonte é "dragão ou cordeiro", cobiça que consome e despedaça, "os dentes da morte", ou o amor que comunga, respeita e sorri?

3.

> Teus lábios
> são como um fio escarlate.
> Esperamos tuas palavras.
> Tuas faces
> são metades de uma romã
> sob teu véu.

Teus lábios, teus beijos e tuas palavras são o fio vermelho que me liga ao centro da minha vida e de toda vida: o amor. Sem ti, eu perco o fio, eu estou perdido no labirinto dos meus pensamentos, das minhas emoções, das minhas memórias.

Esse fio vermelho – que é a Sabedoria dos cabalistas, a Torá de Moisés, as palavras da Verdade transmitidas pelos lábios do *Messiah*/ Cristo – é também o fio de Ariadne, a inteligência ou a intuição feminina que pode nos ajudar a sair dos impasses aos quais nos conduzem o Dragão/Minotauro.

Os lampejos decorrentes da Consciência amorosa podem evitar que sejamos "devorados" e destruídos pelo peso da sombra e da tristeza que por vezes nos é transmitida pelo inconsciente coletivo. Os Padres da Igreja verão nesse fio vermelho a palavra de Yeshua misturada ao sangue da Sua vida que se dá.

"Aguardamos" belas palavras, nas quais a verdade e a vida não estão separadas. Elas preenchem as faces antes de se fazerem escutar pelos lábios, essas faces que são metades de romã.

A romã é uma fruta que carrega dentro de si grãos vermelhos, símbolo da fecundidade, da posteridade numerosa. Na Grécia antiga, a romã é o atributo das deusas Hera e Afrodite, a deusa do Casamento e a deusa do Amor. Elas são duas faces de uma mesma romã e nos convidam a não dissociar o amor durável (*philia*) do amor desejo (*eros*). Em Roma, a coroa dos amantes/casados é feita de galhos maleáveis da romãzeira.

A palavra que vem do amor é um fio vermelho que nos liga ao essencial, uma palavra que nos fecunda e nos faz crescer, é o "grande-dizer" do Ser.

4.

> Como a torre de Davi,
> teu pescoço
> foi edificado para os troféus;
> mil escudos ali estão suspensos,
> todos são aljavas de heróis.

Na tradição hebraica, a torre de Davi, na entrada de Jerusalém, era o lugar onde, em tempos de paz, os escudos dos heróis ficavam suspensos.

O corpo da Bem-amada e a terra de Israel não estão dissociados, nós os descobrimos da mesma maneira como descobrimos uma terra ou uma cidade sagrada, com suas torres e seu templo – como diz o Zohar: "Assim como a mulher carrega todas suas joias em volta do seu pescoço, da mesma maneira todos os ornamentos do mundo estavam suspensos no Santuário de Jerusalém".

Em um nível mais humano ou mais psicológico, quais são os troféus trazidos das nossas guerras e dos nossos combates? Alguns aqui verão as chagas ou as feridas; o que era fonte de sofrimento, pela graça do médico, torna-se sinal de nossa cura. Podemos mostrar nossas chagas, elas dão testemunho desse poder de cura, que é o amor. Nós nos batemos, nós nos defendemos como bravos – celebremos a vitória do amor:

> Eis minhas mãos, eis os meus pés,
> eis as marcas da minha paixão,
> eu estava morto, eu sou, eu estou vivo.

Nossos corpos feridos, ao mostrar sua face redentora, por vezes dão um testemunho melhor do amor como médico do que todos os discursos.

Troféus: sintoma de cura e ressurreição. Nosso pescoço não é mais apertado pelas cordas do medo e da angústia; ele está livre entre seus colares. O canto dos cantos se eleva através dele, do coração aos lábios.

5.

> Teus seios...
> como dois gamos,
> gêmeos de uma gazela
> apascentando entre os lírios.

Segundo a interpretação rabínica, os dois seios são as tábuas da Lei que alimentam os crentes com o seu leite, ou seja, as verdades reveladas.

Na tradição cristã, os dois seios serão por vezes comparados às duas alianças através das quais Deus instruiu a humanidade, "o Antigo e o Novo testamentos" ou ainda as "duas tábuas" da liturgia: a palavra e o pão que alimentam em nós a vida eterna.

Para os partidários da leitura literal os seios são seios.

"Os seios da minha gazela onde deposito a flor do meu lírio", dizem os poetas árabes; sua beleza convida ao descanso e à ternura.

6.

> Até que sopre o dia
> e escondam-se as sombras.
> Eu irei à montanha da mirra,
> rumo à colina do incenso.

O amor, de luz em luz, nos conduz à luz infinita, ao grande Dia; escondem-se, então, as sombras internas e externas, nós nos encaminhamos a uma montanha de mirra que simboliza a Parusia, ou seja, a plenitude da Presença. A mirra é uma planta aromática com a qual envolvemos os defuntos não apenas para conservá-los – não há processo de mumificação entre os judeus e os cristãos –, mas para lembrar aos nossos corpos mortais que existe neles um "não tempo", uma eternidade cujo perfume é a mirra.

Do mesmo modo, o incenso: essa pedra moída, passada pelo fogo, de onde se ergue um odor de santidade; o Todo outro está ali, presente, "exatamente sob o sol", é um perfume que se respira, uma pura presença.

Gregório de Nissa fala de maneira magnífica sobre o caminho que nos conduz o amor, "essa elevada montanha", essa ascensão rumo ao outro, que sempre será um outro, mesmo no coração da união mais íntima. Ele compara o caminho ao desejo não impedido, que faz de cada encontro, de cada chegada ou de cada "cume" que possamos atingir em nossa relação com o Bem-amado, humano ou divino, um novo início:

> O grande apóstolo já havia exposto aos coríntios suas admiráveis visões; ele lhes contara que, mesmo em se tratando de si mesmo, ele não sabia se ele era corpo ou espírito na época da sua iniciação aos mistérios do paraíso. Agora, ao dar esse testemunho, ele declara: "Não que já o tenha alcançado, ou que seja perfeito; mas prossigo para alcançar aquilo para o que fui também preso por Cristo Jesus" (Fl 3,12). E isso nos mostra manifestamente que, após ter alcançado este terceiro céu que ele foi o único a conhecer (pois Moisés nada nos falou a este respeito na sua cosmogonia[58]) e após ter ouvido os mistérios inefáveis do paraíso, ele avança e vai ainda mais alto e não para de subir, sem jamais fazer do bem que ele alcançou um limite para os seus desejos. Dessa maneira, ele nos ensina, eu suponho, que aquilo que a

---

58. Gregório mostrou no *Hexameron* que Moisés só conhece o céu dos astros e o céu dos anjos (Patrologia Grega (PG) 44, 64d).

cada vez descobrimos da natureza bem-aventurada de Deus é imenso, mas aquilo que ultrapassa o bem que nós alcançamos a cada vez desdobra-se ao infinito; assim, sendo infinita a participação a esses bens, o crescimento daqueles que os compartilham jamais deixa de aumentar durante toda a eternidade dos séculos.

Dessa forma, o coração puro vê Deus, segundo a palavra verídica do nosso Mestre[59], mas ele só o recebe em seu espírito em proporção à sua capacidade de recebê-lo, à medida daquilo que ele é capaz de conter: a infinidade e a incompreensibilidade da deidade permanecem sempre, portanto, além de qualquer compreensão. E aquele cuja grandeza da glória não tem limites, como o afirma o Profeta[60], permanece sempre semelhante a si mesmo, em uma sempre igual transcendência. O grande Davi, que tinha "essas gloriosas ascensões" à disposição em seu coração e avançava sempre "de poder em poder"[61], no entanto gritava para Deus: "Tu, Tu és o Altíssimo para sempre, Senhor"[62]. Com isso, eu acho, ele queria dizer: em toda a eternidade do século sem fim, aquele que corre em tua direção torna-se cada vez maior e eleva-se sempre mais alto, progredindo sempre em proporção à sua ascensão para o bem, mas Tu, "Tu és o mesmo, Tu permaneces sendo o Altíssimo para sempre" e jamais poderás parecer mais próximo da Terra do que para aqueles que se erguem voltando-se para ti, pois Tu és igualmente transcendente e superior ao poder daqueles que se erguem.

---

59. Mt 5,8: "Bem-aventurados os limpos de coração, porque eles verão a Deus".
60. Sl 144,3: "Senhor, que é o homem, para que o conheças, e o filho do homem, para que o estimes?"
61. Sl 83,7-9: "As tendas de Edom, e dos ismaelitas, de Moab, e dos agarenos / de Gebal, e de Amom, e de Amalec, a Filisteia com os moradores de Tiro; / também a Assíria se ajuntou com eles; foram ajudar aos filhos de Ló (Selá)".
62. Sl 91,9: "Porque Tu, ó Senhor, és o meu refúgio. No Altíssimo fizeste a tua habitação".

Isto é também o que pensamos ser o ensinamento do Apóstolo a respeito da natureza dos bens inefáveis; quando ele diz: "Nenhum olho jamais viu" este bem, mesmo que ele tenha o olhar sempre fixo sobre ele (de fato, não é a realidade em si mesma, mas o poder da vista que mede a visão) e "nenhuma orelha ouviu" o que é anunciado tal qual isto foi anunciado, mesmo se ela sempre acolher a palavra pela audição, e "eles não subiram ao coração do homem"[63], mesmo que o homem de coração puro não deixe de ter os olhos fixos sobre Ele tanto quanto for capaz. De fato, o que é captado e compreendido a cada vez é certamente muito maior do que aquilo que tinha sido captado e compreendido previamente, mas como aquilo que é buscado não comporta em si limites, o termo do que foi descoberto torna-se, para aqueles que se erguem, o ponto de partida para a descoberta de bens mais elevados.

Assim, aquele que se ergue nunca deixa de ir de começo em começo; e os começos das realidades superiores jamais têm um fim[64]. Aquele que se ergue jamais detém o seu desejo naquilo que ele já conhece; mas deixando-se elevar sucessivamente por um outro desejo novamente maior, a um outro superior, a alma persegue seu caminho rumo ao infinito através de ascensões cada vez mais elevadas[65].

7.

Tu és bela, minha Bem-amada,
sem nenhuma mácula!

---

63. 1Cor 2,9: "Mas como está escrito: As coisas que o olho não viu, e o ouvido não ouviu, e não subiram ao coração do homem, são as que Deus preparou para os que amam".
64. Esta passagem é talvez aquela na qual Gregório alcança a suprema expressão da sua mística, identificando a perfeição com um eterno começo.
65. "Les commencements sans fin" [Os começos sem fim]. In: GREGÓRIO DE NISSA. *La colombe et la ténèbre*. Op. cit., p. 99-101.

O Bem-amado vê naquela que reconhece "ter vivido", enegrecida pelos ventos e o sol ardente do deserto, bronzeada pelos embates da noite, apenas pureza, luz e nenhuma mácula que alteraria sua beleza e sua paz de Sulamita.

Assim é Deus ou assim é o amor, nos diz Mestre Eckhart. Ele não vê nossas carências, ele olha nossos semblantes; os pecados do homem não lhe interessam, o que lhe interessa é sua "imagem e sua semelhança"; Seu Filho bem-amado, que apesar de todas as imundícies com as quais podemos recobri-lo, permanece puro e imaculado em cada um de nós. Mais profundo do que todas as nossas recusas e revoltas, todos esses "*non serviam*", há o sim original, o "*fiat*" que será encarnado pela Virgem Maria. É assim que São Bernardo e a tradição cristã reconhecem na "Bem-amada sem nenhuma mácula", a Virgem Maria, a Imaculada Concepção.

Maria é mais jovem do que o pecado, dizia Claudel, mais jovem do que o medo. Anterior a todos os "nãos" e a todas as desconfianças, ela é a "confiança original" – tanto nela quanto no Cristo "há apenas sim".

Na tradição dos Padres do Deserto e ainda hoje em dia na tradição cartuxa no Ocidente, falamos da virgindade espiritual como de um estado de silêncio que toca o ser humano em sua inteireza, silêncio do espírito, silêncio do coração e silêncio do corpo. Nesse estado imaculado "sem mancha alguma", uma nova concepção, um novo nascimento pode acontecer.

Do silêncio e da calma pode nascer uma nova consciência (*phos*: "luz"), do silêncio e da calma do coração pode nascer um amor todo outro (*ágape*), do silêncio e da calma do espírito pode nascer uma toda outra qualidade de vida e de energia (*zoê*).

É isso que, na mística renana, chamaremos de "o nascimento do Verbo no Ser humano", a Imaculada Concepção. Pois o Logos não pode ser "concebido" de nenhum saber ou de nenhuma aquisição; ele nasce do silêncio.

Maria é o arquétipo da mulher ou do feminino em estado de contemplação e puro silêncio; é neste sentido que podemos chamá-la de Mãe de Deus: *Theotokos*.

É do Silêncio imaculado em cada um de nós que a luz/Deus, o amor/Deus pode ser engendrado. Aqueles que conheceram esses "instantes" (*kairos*) sem pensamentos, sem emoções, sem memórias, onde eles eram puro silêncio "sem mácula alguma", compreendem, através da experiência, o que querem dizer os mitos, os símbolos ou os dogmas – sem dúvida, palavras em demasia –, que jamais captarão uma beleza tão fulgurante:

Do Silêncio vindo de lugar algum surge um som, um verbo. Do Nada, vacuidade, multiverso, miríades de mundos.

8.

> Vem do Líbano, minha noiva,
> vem do Líbano!
> Inclina teus olhares
> dos cumes de Amana,
> dos cumes de Senir e de Hermom,
> covil de leões,
> montanha dos leopardos.

Rabi Yts'haq diz que as palavras "'comigo do Líbano, esposa...' designam a Presença que o santo, abençoado seja, clamou para que descesse do santuário do alto para o santuário de baixo. As palavras: 'Olharás dos cumes de Amana' designam o Templo do alto e o Templo de baixo"[66].

E Gregório de Nissa:

> Vem do Líbano, minha Esposa. Eis aqui o que ele quer dizer: Tu tens razão por teres querido me acompanhar

---

66. IV, 8, Zohar II, 5b. Op. cit., p. 203.

previamente; vieste comigo até a montanha da mirra (tu fostes de fato embalsamada comigo na morte pelo batizado); também subistes comigo sobre a montanha do incenso (tu ressuscitastes de fato comigo e fostes elevada à comunhão com a divindade, que designa o nome do incenso). Sobe ainda comigo, avança dessas montanhas rumo a outras montanhas, eleva-te pela atividade da contemplação; vem então o incenso, diz ele, não mais como uma noiva, mas como uma esposa. Pois eu não posso te desposar enquanto não tiveres sido transformada pela mirra da morte na divindade do incenso. Como já chegastes a esta altura, não para de subir como se já tivesses alcançado assim a perfeição[67].

Sempre subir, *ultreia*, mais alto, mais além,

Mas também sempre descer.

O amor nos conduz certamente às alturas, mas ele nos conduz também aos abismos; como diz o Zohar, trata-se de unir o Templo do alto e o Templo de baixo, a Jerusalém celeste e a Jerusalém terrestre, a propriedade dos anjos e o covil dos leopardos, a vida espiritual e a vida animal. Os ícones antigos de João Batista o representam vestido com uma pele de animal com asas de anjo, imagem do *anthropos* ao mesmo tempo carnal e espiritual, humano e divino.

Para aquele que ama, não há pequenas ou grandes coisas, há maneiras de amar pequenas e mesquinhas e maneiras de amar grandes e magnânimas, quaisquer que sejam seus objetos materiais ou espirituais. "Tudo o que fizerdes ao menor dentre vós é a "Eu sou" que o fazeis" (Mt 25,45[68]). Poderia haver uma única coisa finita que permanecesse fora do Infinito?

---

67. GREGÓRIO DE NISSA. *La colombe et la ténèbre*. Op. cit., p. 102.
68. "Então lhes responderá, dizendo: Em verdade vos digo que, quando a um destes pequeninos o não fizestes, não o fizestes a mim."

"Vistes teu irmão, vistes o teu Deus", dizem ainda os Padres do Deserto. "Há apenas um amor", assim como há apenas um mandamento e um exercício.

"Amarás o Senhor teu Deus de todo teu coração, de toda tua inteligência, de todas tuas forças" – este é o primeiro mandamento e o segundo se lhe assemelha: "Amarás teu próximo como a ti mesmo."

"Aquele que não ama seu irmão que vê, como amaria Ele, seu Deus, que ele não vê" (1ª Epístola de João).

9.

> Tu me fazes perder os sentidos,
> minha irmã, minha noiva!
> Tu me preenches o coração
> com um único olhar teu,
> com uma única pérola do teu colar.

A Bem-amada não é apenas a amante ou a esposa, ela é também a irmã, a noiva (aquela na qual depositamos nossa confiança). A relação conhece diferentes climas e não se fecha em um único modo, mas basta um único olhar, o do amor, para que o coração seja preenchido, qualquer que seja a maneira de amar: amigável, fraterna, erótica ou apaixonada. A qualidade do amor é a mesma sob todas suas formas, assim como a luz da pérola é uma, não importa qual seja a pérola do colar.

O amor nos faz perder o sentido ou a razão para encontrarmos um sentido e uma razão mais elevados; assim como a boa consciência que ainda não é a Consciência e o "bom sentido" que ainda não é o Sentido, o amor nos obriga sempre a dar "um passo a mais".

10.

> Como são doces os teus abraços,
> minha noiva, minha irmã!
> Melhores do que o vinho
> e o vapor dos teus óleos,
> mais fortes do que todos os aromas.

Novamente, o abraço do amor nos conduz a uma aliança mais elevada do que as fusões procuradas pelo vinho; o sopro e o vapor dos seus óleos voltados para uma respiração mais ampla (respirar ao largo, *lesha* em hebraico, significa "ser salvo, libertado, curado"), além dos aromas e dos perfumes cujos abraços e enlaces, apenas carnais, nos envolvem.

11.
> Teus lábios, minha noiva,
> o mel e o leite estão sob tua língua,
> o cheiro dos teus vestidos
> é como o cheiro do Líbano.

Quando quer que se fale de leite e mel, os rabinos ali veem uma alusão à Terra Prometida, "a terra onde jorra leite e mel"; o cheiro das suas paisagens é o mesmo do Líbano, que está bem perto. Não há fronteiras para os perfumes. O ar que respiramos é o mesmo para todos os homens. O amor interroga os arames farpados e os muros que nos separam; seu bom odor passa, sem "permissão", por todos os postos de controle.

Gregório de Nissa verá no leite e no mel as únicas palavras que se adaptam às capacidades daqueles que ela ensina:

> Pois a palavra divina é feita de tal maneira que ela não responde às necessidades daqueles que a escutam de maneira uniforme, mas adapta-se respectivamente à disposição daqueles que a acolhem, de maneira a ser conveniente aos perfeitos assim como às crianças, mel para os perfeitos e leite para as crianças. É isso que fazia Paulo; ele aleitava os recém-nascidos com as mais doces dentre as palavras divinas, mas ele falava entre os perfeitos da sabedoria mantida oculta, no segredo, desde todos os séculos, esta sabedoria que nem o mundo nem os poderes deste mundo podem compreender.

Quando, portanto, nosso texto fala da mistura do leite e do mel que ele diz estar sob a língua da Esposa, ele está designando todos os recursos, adaptados a todas as necessidades, do tesouro das palavras divinas. Pois aquele que sabe como falar a cada um, já que ele guarda sob a língua essa riqueza multiforme da palavra divina, pode oferecer, no momento oportuno, a cada um, de maneira adaptada, aquilo que corresponde à sua necessidade[69].

Quanto aos amantes, eles sabem o que pode ser o leite e o mel sob a língua e o odor que eles deixam sob o vestido...

12.

Ela é um jardim bem fechado,
minha irmã, minha noiva!
Um jardim bem fechado,
uma fonte selada.

Minha irmã, minha noiva, minha irmã, minha esposa. *Ah'oti khalah* é uma expressão interessante, como observa Pierre Trigano: a irmã é a mulher que não possuímos, ela sempre está livre para nos deixar (deixar toda a família, pai, mãe, irmãos e outras irmãs).

Minha irmã/noiva. É a "minha mulher livre", ela não me pertence, ela é um jardim bem fechado; ou seja, ela será para mim sempre um mistério, o que eu mais amo nela e o que eu encontro de mais belo é aquilo que eu não compreendo, é o seu ser secreto. Amar alguém é respeitar seu mistério e seu segredo.

Os antigos nos lembram que "a fonte selada" é a transcendência em cada um de nós. Aquilo que ignoramos de nós mesmos e aquilo que ignoramos do outro é o nosso "jardim secreto".

---

69. GREGÓRIO DE NISSA. *La colombe et la ténèbre*. Op. cit., p. 116.

Em uma relação, qualquer que seja o conteúdo transcendente ou imanente desse jardim secreto, é importante respeitá-lo, não dizer tudo a respeito de si, pois dizer tudo é esquecer aquilo que ignoramos, aquilo que nos escapa a nós mesmos; nossa assim chamada "transparência" esconde por vezes aquilo que se mantém inconsciente.

Saber guardar um segredo tornou-se uma ciência rara; este saber revela-se, no entanto, estruturante, tanto entre crianças quanto entre adultos. Nas tradições místicas não é bom revelar "os segredos do Rei", ou seja, os efeitos da graça em nós, nossa intimidade ou união com Deus.

"Não devemos jogar pérolas aos porcos"[70]; eles não encontrarão nada de comestível nelas e quebrariam os dentes. Devemos falar de certas experiências apenas para aqueles que podem compreendê-las, senão elas correrão o risco de serem "reduzidas" ou maculadas. O mundo contemporâneo é muito talentoso para "reduzir" os amores mais sublimes ao estado mais ou menos defeituoso das nossas glândulas. A hermenêutica de todos esses "agachados"[71], dizia Rimbaud, é temível, melhor nos calarmos. Em todo verdadeiro amor há uma parte de segredo que pede para permanecer secreta e que não é feita para a praça pública. Aqueles que ostentam seu amor e que por vezes o vendem aos jornais só podem ostentar e vender as partes superficiais do amor.

A fonte do amor permanece misteriosa e selada. Nós jamais conheceremos a essência de Deus, apenas suas energias, seu brilho.

---

70. Mt 7,6: "Não deis aos cães as coisas santas nem deitei aos porcos as vossas pérolas, para que não aconteça que as pisem com os pés e, voltando-se, vos despedacem".

71. Expressão presente no poema *Le bateau ivre* (O barco ébrio), do poeta francês Arthur Rimbaud (1854-1891): "Se desejo da Europa uma água, é a poça estreita / negra e fria, onde à luz de uma tarde violeta / um menino agachado, entre tristezas, deita / seu barquinho, a oscilar como uma borboleta" (tradução de Renato Suttana) ["Si je désire un eau d'Europe, c'est la flache / Noire et froide où vers le crépuscule embaumé / Un enfant accroupi plein de tristesses, lâche / Un bateau frêle comme un papillon de mai" [N.T.].

Esse excesso de odores e de estremecimentos é o que a fonte selada nos dá a conhecer e a saborear de si mesma. Não é o suficiente para que sejam fecundados nossos jardins e para que, de uma profundeza que ignoramos, nós possamos sentir subir o murmúrio da sua água viva?

13.

Teu êxtase
é um paraíso de romãs
de raras essências.

14.

Alfenas e nardos,
açafrão, cálamo, canela,
com todas as árvores de incenso;
a mirra, o aloés...
...aromas!"

15.

Fonte que fecunda os jardins,
poço de água viva.

Vem o canto final deste capítulo IV, onde a Bem-amada invoca todos os ventos: ventos frios (vento norte, também conhecido por vento boreal), ventos ardentes (vento sul ou simum). Que tu me dês calor ou frio, pouco importa; contanto que tu existas! O importante é que o teu sopro e o Sopro do Espírito respirem em minhas velas e em meus desejos, que eles soprem na minha carne e em seus jardins mais íntimos, que eles saboreiem o fruto para o qual eles me fazem amadurecer através de tantos desejos, desertos e noites.

Que venha o Amor e que ele transfigure nossa vida e faça dos nossos campos de cinzas o oásis.

16.

> Desperta, vento boreal, vem, simum!
> Sopra sobre meu jardim
> e faz jorrar seus aromas.
> Que venha o meu amado,
> que ele vá até seu jardim
> e dele saboreie o fruto.

7 Canto V

1.

> Vim ao meu jardim,
> minha irmã, minha noiva!
> Colhi a mirra e o bálsamo,
> comi o mel,
> bebi o vinho e o leite.
> Vinde, amigos,
> comei, bebei!
> Embriagai-vos de amor!

O amor vem por vezes ao nosso jardim quando não mais o aguardamos ou deixa de vir sob uma forma particular. A Bem-amada abriu-se a todos os ventos, os mais gelados e os mais escaldantes. Então, este amor que não é feito nem de gelo nem de brasa, além de todas as emoções e de tudo aquilo que o desejo pode imaginar, revela-se, recolhendo e exaltando o melhor de nós: mirra e bálsamo, mel, vinho e leite.

Ele nos inebria; esta "sóbria embriaguez" sobre a qual nos falam os antigos é abandono sem dissolução. Encontramo-nos além e "fora de nós" e, ao mesmo tempo, estamos no centro mais íntimo de nós mesmos (*leb*, o "coração"). As dualidades êxtase/ênstase, exterioridade/interioridade foram ultrapassadas e transpostas.

Dando prosseguimento a Platão, os rabinos também reconhecem no chamado "Vinde amigos, embriagai-vos de amor" o chamado da Sabedoria ou o apelo do *Messiah* e dos tempos messiânicos. A Parusia está à porta, a plenitude do tempo, o instante eterno.

Os cristãos aqui reconhecerão, junto com Gregório de Nissa, o convite de Cristo ao banquete eucarístico: "Vinde e comei, este é o meu corpo; bebei, este é o meu sangue" (Mt 26,26-27). Façam o que eu faço (o corpo, a *práxis*), contemplem o que eu contemplei (o sangue, a *gnosis*) e tornem-se o que "Eu sou". Não apenas embriagados de amor, mas a encarnação, em todos os tempos e de todas as formas, do amor e da vida que se dá.

A expressão "sóbria embriaguez" vem de Fílon de Alexandria e dos terapeutas. Ela é um desses oxímoros que manifestam o caráter paradoxal da experiência evocada pelo Cântico como "o sono desperto", "o movimento e o repouso", "o eros impassível", "as trevas luminosas" etc.[72]

"Comei, amigos, bebei, embriagai-vos, meus irmãos." Para aqueles que conhecem as palavras misteriosas do Evangelho, nenhuma diferença aparecerá entre o que é dito aqui e a mistagogia da qual vemos os discípulos participar no Evangelho. Acontece o mesmo aqui e onde o Verbo diz: "Comei e bebei". O convite à embriaguez feito pelo Verbo aos seus irmãos poderá parecer, aos olhos de grande número de pessoas, como deslocado e tendo sido acrescido posteriormente ao Evangelho. Mas se examinarmos atentamente veremos que essas mesmas palavras estão de acordo com as palavras evangélicas. Pois o convite aos seus amigos feito através da palavra torna-se realização

---

72. Cf. DANIÉLOU, J. *Platonisme et théologie mystique* – Essai sur la doctrine spirituelle de Saint Grégoire de Nysse [Platonismo e Teologia mística – Ensaio sobre a doutrina espiritual de São Gregório de Nissa]. Aubier, 1944, p. 274-284.

no Evangelho, se for verdade que toda embriaguez normalmente faz com que, sob o efeito do vinho, o espírito saia de si mesmo. Deste modo, aquilo ao qual o Cântico convida aconteceu antes, sempre através da alimentação e da beberagem divinas, pois o transporte e o êxtase do mundo inferior ao mundo superior invadem a alma através do alimento e da bebida.

Como diz o Profeta, é dessa embriaguez que estão ébrios "aqueles que matam a sede com a gordura da casa de Deus e bebem da torrente das suas delícias" (Sl 35,9). É dessa embriaguez que Davi ficou ébrio no dia em que, tendo saído de si mesmo e tendo entrado em êxtase, viu a beleza invisível e fez a famosa exclamação: "Todo homem é um mentiroso" (Sl 115,2), querendo nos dar, através da linguagem, uma ideia dos bens indizíveis. É ainda dessa embriaguez que Paulo, novo Benjamin (Rm 11,1; Fl 3,5), ficou ébrio quando, tendo entrado em êxtase, diz: "Se estávamos fora de sentido, é por Deus (é de fato para Ele que estava voltado o seu êxtase), e se formos sensatos, é por vós" (2Cor 13), mostrando assim que, ao conversar com Festo ele não disparatava mas falava a linguagem da sabedoria e da justiça (At 26,25). Eu sei que o bem-aventurado Pedro também conheceu esse tipo de embriaguez, estando ao mesmo tempo faminto e ébrio. De fato, antes do alimento corporal ter-lhe sido trazido, "quando ele teve fome e quis comer, enquanto os seus preparavam a mesa" (At 10,10-16), ele entrou nesta embriaguez divina e sóbria que fez com que ele saísse de si mesmo[73].

> Tal é a embriaguez do vinho, que o Senhor propõe aos seus convivas e ela produz o êxtase da alma voltada para as coisas divinas; o Senhor, com razão, faz àqueles que lhe são próximos devido à virtude e não àqueles que estão afastados dele, esse convite: "Comei, amigos, bebei, embriagai-vos, porque 'aquele que come e bebe indignamente, come e bebe para sua própria condenação'" (1Cor 11,29), e Ele chama justamente de irmãos aqueles

---

73. GREGÓRIO DE NISSA. *La colombe et la ténèbre*. Op. cit., p. 133-134.

que são dignos de receber o alimento. De fato, o Verbo chama aquele que faz a sua vontade de seu irmão, sua irmã e sua mãe[74].

Falando em embriaguez, como não pensar em Marguerite Porète e nas beguinas da Idade Média: "Estou embriagada, diziam elas, não do vinho que bebi, mas do vinho que eu jamais beberei e que eu nunca bebi."

Aquilo que eu conheço de Deus e do Amor não é nada se comparado àquilo que eu não conheço; meu conhecimento e meu desejo são limitados; Deus e o amor são infinitos. Encontraremos um eco dessas palavras entre alguns cientistas, tocando os limites daquilo que seus instrumentos de percepção podem conter. Eles podem experimentar uma certa vertigem diante do infinito que permanece desconhecido.

"Estou embriagado, não daquilo que eu conheço, mas de tudo aquilo que eu não conheço" – é a "douta ignorância", segundo Nicolau de Cusa.

O que eu conheço é finito, o que eu não conheço é infinito. Quem conheceu essa vertigem e essa "sóbria embriaguez" permanece humilde entre os homens e diante do esplendor. Ele é como o apaixonado diante da sua Bem-amada.

O que eu conheço de ti, sou "eu", ou seja, aquilo que posso perceber e amar de ti segundo minha capacidade e minha abertura a este "Tu" sempre maior do que eu posso conter, sempre "outro".

Estou embriagado pela tua presença, jamais "toda" presente, estou preenchido e jamais satisfeito de ti, Tu me dás sede e matas a minha sede ao mesmo tempo. O Amor incessantemente nos preenche e cava em nós um abismo.

---

74. GREGÓRIO DE NISSA. *La colombe et la ténèbre*. Op. cit., p. 135.

2.

> Durmo,
> mas meu coração vela.

Amar é estar ao mesmo tempo apaziguado, em repouso (*shalom*) e vigilante. No repouso e no apaziguamento do mental e de todos os sentidos, uma certa qualidade de consciência e de amor pode despertar.

Os Padres do Deserto amavam particularmente essas palavras do Cântico. Eles viam nessas poucas palavras a síntese da sua prática de meditação. João Clímaco (579-649), por exemplo, assim como Calisto e Ignácio Xanthopoulos (século XIV) observam: "Hesicasta é aquele que diz: 'Durmo, mas meu coração vela'". Por "hesicasta" é preciso escutar o cristão que vive em estado de quietude e doçura, de silêncio interior e de paz. Chega-se a esse estado graças a uma ascese da inteligência, que consiste essencialmente em uma vigilância, em todos os instantes, de quaisquer pensamentos passionais, de todo desejo que possa distrair o homem da sua vocação à divinização pelo Santo Espírito. O "coração" vela e ora, mesmo durante o sono, mesmo durante os sonhos noturnos. Isaac o Sírio (século VII) escreveu: "Quando o Espírito estabelece sua moradia em um homem, este não consegue parar de orar, pois o Espírito não para de orar nele. Quer ele durma, quer ele vele, a oração não se separa da sua alma".

Gregório de Nissa especifica que esse "repouso vigilante" do coração nos aproxima dos anjos e nos convida a estarmos sempre "prontos" a receber a visita do inesperado: o Bem-amado, o amante das nossas vidas, quando Ele "bate à nossa porta" e verifica nossa abertura.

> É por isso que o texto diz que a nossa vida deve ser semelhante à vida dos anjos, para que, como eles, nós vivamos longe do vício e da ilusão, para estarmos prontos para acolher a Parusia do Senhor e que, velando nós também às portas das nossas moradias, nós estejamos prontos a obedecer quando, à sua vinda, Ele ba-

ter à porta. "Bem-aventurado, dirá ele, esses servidores que o mestre, à sua chegada, encontrará agindo dessa maneira[75].

2.

Durmo,
mas meu coração vela.
Ouço meu Bem-amado que bate à porta.
Abre-me, minha irmã, minha amiga,
minha pomba, minha perfeita.
Minha cabeça está cheia de orvalho,
os cachos dos meus cabelos
estão cobertos das gotas da noite.

O amor é um grande viajante, sua cabeça está coberta de orvalho (*sheroshi nimelathal*). A Torá nos diz que o maná colhido a cada manhã, e suficiente para cada dia, era como um "orvalho" caído do céu. Para o Zohar, o orvalho é a energia do amor que faz viver e que ressuscita. E as gotas da noite são as lágrimas e as gotas de sangue daquele que conheceu a provação, "os enfrentamentos da noite" já mencionados. O amor caminha incessantemente em nossa direção; ele bate à nossa porta, coberto de orvalho, carregado de energia vivificante a ser renovada a cada manhã, de experiências vividas, gotas da noite que exerceram sua lucidez e seu discernimento. Sua palavra, do Livro do Gênesis ao Livro do Apocalipse, passando pela Lei, os profetas e os Evangelhos, é sempre a mesma: "Abre-me" ou *epphata*, "abre-te".

A única coisa que o amor nos pede não é a virtude, riquezas ou um imenso saber, mas uma "abertura". Se essa abertura faltar, se estivermos fechados, enclausurados em nós mesmos, em nossas

---

75. Lc 12,43. Cf. GREGÓRIO DE NISSA. *La colombe et la ténèbre*. Op. cit., p. 143.

preocupações ou culpas profundas, ou ainda em nosso coquetismo estúpido, ele não poderá entrar, ele não poderá se dar como ele é e ele deverá continuar o seu caminho, pois, quer o acolhemos ou não, o Amor não pode deixar de amar. Quer acreditemos nele ou não, Deus continua sendo Deus, o sol continua a brilhar na nossa janela, quer as persianas estejam abertas ou fechadas.

Existem textos muito belos na tradição judaica, particularmente no Zohar.

> Rabi Yossé disse: O santo, abençoado seja (ou seja, o Bem-amado, *Ndla*) pediu aos Israelitas: "Abri-me as portas do arrependimento não maiores do que o buraco de uma agulha e eu vos abrirei portas largas o bastante para que carros de duas e quatro rodas possam por ali passar". A assembleia de Israel diz: "Meu Bem-amado bate à minha porta e me diz: 'Abre-me, pois tu és a porta pela qual os homens devem passar para chegar até mim. Nada pode acontecer perto de mim sem passar por ti. Abre-me apenas a porta de uma agulha e eu abrirei de par em par as portas do Céu. Mas se não abrires tua porta, eu me encontrarei fechado, já que nada poderá acontecer junto a mim'".

É por esta razão que Davi exclamou:

> Abri-me as portas da justiça para que eu por elas entre e louve o Senhor. Os justos atravessarão a porta do Eterno. De fato, é a porta que conduz ao Rei, é a porta que nos permite encontrar o Rei e nos ligar a ele[76].

Piteh'r ili, geralmente traduzido por "abre-me" pode ser traduzido mais literalmente por "abre para mim", eco do "Eu sou para ti, como tu és para mim"; nós estamos no coração da relação amorosa onde cada um está voltado para o outro, sem preocupação ou sem

---

76. TRIGANO, P. & VINCENT, A. *Le Cantique des Cantiques ou la psychologie mystique des amants*. Op. cit., p. 333.

se voltar sobre si. É a pureza e a simplicidade desse movimento ou desse impulso que vão aqui ser questionadas devido às hesitações da Bem-amada.

3.
> Já despi a minha túnica,
> como a tornarei a vestir?
> Meus pés estão lavados,
> como os tornarei a sujar?

A Bem-amada responde de maneira estranha ao chamado do amor. Ela não está mais apenas voltada para ele e por ele; ela olha para si mesma, ela se inquieta com sua túnica e olha para seus pés. As consequências dessa banal e trivial "volta sobre si" serão trágicas; o amor não espera, ele se dá inteiramente na abertura do instante.

Não podemos lhe dizer: "Espera um pouco, daqui a alguns minutos eu estarei pronta ou disponível". "Eu preciso de tempo", nós não podemos "ter um tempo" quando o Eterno instante bate à nossa porta. É preciso estar pronto, totalmente presente à Sua Presença.

E ali revela-se um dos mais simples mistérios do amor: só podemos amar no momento presente. Se dissermos a alguém: "Eu te amei", é porque não o amamos mais; se dissermos: "Eu te amarei", é porque ainda não o amamos; sobretudo se acrescentarmos: "Eu te amarei quando estiver pronto, quando for capaz, puro ou perfeito, eu te amarei quando tiveres mudado, quando tiveres limpado teus pés das poeiras do caminho, tua cabeça e teus cabelos do orvalho, das gotas, dos suores e das aranhas da noite". O amor se dá no instante, imprevisível e inesperado, quando menos o esperamos. O Cântico, como os Evangelhos, é um convite à vigilância, à disponibilidade imediata.

O apaixonado, o sábio ou o místico são todos filhos do instante, do instante favorável (*kairos*), no qual o Ser se abre ao Eterno (o não temporal). Essa abertura é o fim do tempo. O Amor/Deus cria o mundo neste instante, e o instante da nossa atenção deve responder ao instante da nossa criação. É isso que viveu Mestre Eckhart:

> Deus criou o mundo inteiro agora, neste instante (*nû alzemâle*). Tudo aquilo que Deus criou há mais de seis mil anos quando Ele criou o mundo, Deus o criou neste instante (*alzemâle*), agora... ali onde o tempo não entra jamais e onde nenhuma forma jamais foi vista. [...] Falar do mundo como se ele tivesse sido criado por Deus, ontem ou amanhã, seria para nós uma loucura: Ele cria todas as coisas no agora presente (*Gegen würtig nû*) [...]"[77].

Na eternidade, não há nem antes nem depois, há apenas o instante, e é este instante que bate à porta da nossa atenção, nos chama para assistirmos ao nascimento dos universos e de todas as relações. Sem se voltar para trás, sem se projetar para frente, sem arrependimento e sem projetos, estar aqui no aberto, aberto ao amor, este "grande passante", este é o segredo.

Em uma linguagem menos metafísica do que a do Mestre Eckhart, as parábolas de Yeshua possuem a mesma exigência:

> Passará o céu e a terra, mas as minhas palavras não hão de passar. E olhai por vós, para que não aconteça que os vossos corações se carreguem de glutonaria, de embriaguez e dos cuidados da vida, e venha sobre vós de improviso aquele dia. Porque virá como um laço sobre todos os que habitam na face de toda a terra. Vigiai, pois, em todo o tempo, orando, para que sejais havidos por dignos de evitar todas essas coisas que hão de acontecer, e de estar em pé diante do Filho do homem (Lc 21,33-36).

> Porém, ele lhe disse: Um certo homem fez uma grande ceia e convidou a muitos. E à hora da ceia mandou o

---

77. Apud COOMARASWAMY, A. *Le temps et l'éternité* [O tempo e a eternidade]. Dervy, 1976, p. 100.

seu servo dizer aos convidados: Vinde, que tudo já está preparado. E todos começaram a escusar-se. Disse-lhe o primeiro: Comprei um campo, e importa ir vê-lo; rogo-te que me hajas por escusado. E outro disse: Comprei cinco juntas de bois e vou experimentá-los; rogo-te que me hajas por escusado. E outro disse: Casei, e portanto não posso ir. E, voltando aquele servo, anunciou estas coisas ao seu senhor. Então o pai de família, indignado, disse ao seu servo: Saí depressa pelas ruas e bairros da cidade, e traze aqui os pobres, aleijados, mancos e cegos (Lc 14,16-21).

Estejam cingidos os vossos lombos, e acesas as vossas candeias. E sede vós semelhantes aos homens que esperam o seu senhor, quando houver de voltar das bodas, para que, quando vier, e bater, logo possam abrir-lhe. Bem-aventurados aqueles servos os quais, quando o Senhor vier, achar vigiando! Em verdade vos digo que se cingirá e os fará assentar à mesa e, chegando-se, os servirá. E, se vier na segunda vigília, e se vier na terceira vigília e os achar assim, bem-aventurados são os tais servos. Sabei, porém, isto: que, se o pai de família soubesse a que hora havia de vir o ladrão, vigiaria, e não deixaria minar a sua casa. Portanto, estai vós também apercebidos; porque virá o Filho do homem à hora que não imaginais (Lc 12,35-40).

O amor virá nos despertar em uma hora que não podemos prever; nos pede apenas para estarmos "sempre prontos" quando formos convidados às bodas, às bodas do homem e da mulher, mas também às bodas do humano e do divino (*anthropos*), do Infinito e do finito, da eternidade e do tempo (o instante favorável).

Quando somos convidados à aliança e à não dualidade, não devemos procurar desculpas (pés, camisas, rebanhos, trabalho e outros "negócios"), pois correremos o risco de passarmos ao largo da sorte, da oportunidade, da graça, do sentido; em uma palavra: do Amor pelo qual nascemos, o único Real que pode dar Vida à nossa vida.

Nossas "entranhas" já sabem disso, mas nossa cabeça e nossos pensamentos estão frequentemente em atraso.

4.

> Meu Bem-amado estendeu sua mão
> pela fresta da porta
> e minhas entranhas estremeceram.

Olhar-se ou olhar o outro ainda não é ver o que está aqui, entre os dois. O amor que nos estende a mão por esta abertura, este espaço entre-dois. A mão, no pensamento hebraico, é a ação divina, a energia e a presença do Ser que é o que Ele é, é o que faz estremecer nossas entranhas, o que faz a vida "borbulhar" em nós. Já o amor nos impregna através de nossas aberturas mais secretas, nossas aberturas inconscientes, pois nada nem ninguém está totalmente fechado à graça, ao dom do Ser.

Mas existem em nós aberturas que devem ser abertas livremente, conscientemente, e é ali que não devemos demorar a "capturar a graça quando ela passar". Quem pode medir as consequências da nossa falta de atenção, da nossa falta de presença ao Presente?

Nós sabemos que somos eternos (Spinoza) tanto quanto mortais, nós sabemos que somos amados pelo Ser. As Escrituras o dizem incessantemente, mas o que sabem os filósofos, os eruditos, os sábios e os profetas – O que nós sabemos? Apenas nossa abertura, nossa pressa ou nossa lentidão em nos erguer ou despertar consegue sabê-lo.

5.

> Eu me levantei
> para abrir ao meu amado.
> Minhas mãos destilavam mirra,
> meus dedos gotejavam a mirra de doce aroma
> sobre as aldravas da fechadura.

A Bem-amada, após esse momento de hesitação, esse olhar voltado para si mesma, ergue-se, enfim; ela é bela, trêmula de desejo, do desejo que a ela pertence e que está atrasado com relação ao desejo do outro.

E o outro, ele não está mais aqui, ele já foi embora. A palma de sua mão ergueu-se de sobre o ferrolho, o instante passou, ele não mais se reproduzirá.

Como pode, então, tratar-se de um "instante eterno"? O Amor não nos é sempre oferecido a todo instante? Sim, sem dúvida, mas "nunca mais" sob essa forma precisa, inesperada, já conhecida, para a qual se dirige o desejo da Bem-amada. É essa forma particular de amor que vai lhe ser retirada, não o próprio Amor, que permanecerá sempre sendo o que ele é, fiel ao Ser que ele é e à relação que ele engendrou.

É o apego a essa forma particular de amor, identificada ao corpo generoso do seu amante, que vai fazê-la sofrer e vai feri-la de maneira atroz; ela deverá se purificar desse apego para conhecê-lo novamente sob uma nova forma. A mesma eternidade em um instante todo outro.

6.
>Abri ao meu amado,
>mas meu amado tinha desaparecido.
>Ele partira...
>Sua fuga me deixou fora de mim.
>Eu o busco,
>sem encontrá-lo.
>Eu o chamo...
>não há resposta.

Há apenas dois tempos: o presente e o ausente. A Bem-amada esteve ausente à Presença que no instante bateu à sua porta. Agora ela deve suportar sua ausência, permanecer aberta a essa ausência, buscar fora aquilo que, no entanto, ela sabe que está dentro dela, pois o amor jamais está fora; é a partir do interior que o saboreamos e apreciamos todas as coisas.

A ausência do amor a deixou "fora de si". Se ela amasse de verdade, seu amante, seu amor estaria sempre ali, presente no mais íntimo de si mesma; no entanto, estaria presente de maneira não sensível, sempre invisível; ele que, um instante antes, quis se fazer visível e palpável. Ela busca, como nós buscamos, a encarnação do amor; ela o chama, não há resposta.

Enquanto nós não tivermos encontrado o amor em nós mesmos, tampouco o encontraremos do lado de fora, pois quando ele nos habita, tudo é a sua encarnação, a sua manifestação, tudo é o semblante, o brilho, a presença do Bem-amado.

"Porque àquele que tem, se dará, e terá em abundância; mas àquele que não tem, até aquilo que tem lhe será tirado" (Mt 13,12). As palavras de Yeshua se tornam claras: àquele que tem em si o amor, tudo lhe será dado, tudo lhe parecerá como sendo dom de Deus; àquele que não tem em si o amor, tudo lhe será tirado, tudo lhe parecerá desprovido de sentido e de sabor; "tudo é em demasia", disse Sartre. Para aquele que não tem o amor em si, de fato, "o inferno são os outros".

Para aquele que ama, o outro é "canteiro de aromas, fonte de água viva". Se nem sempre for o paraíso, também não será mais o inferno nem o purgatório, é um caminho ou um exercício rumo à beatitude. Quanto mais amamos, mais somos felizes; quer o objeto ou o sujeito do nosso amor esteja próximo ou distante.

Alguns verão neste versículo uma apologia do desejo, da busca sem fim de uma realidade que incessantemente nos falta. O amor é desejo e o desejo deve permanecer desejo. Diremos, então, que o amor, como Deus, não pertence a este mundo, o que nos pertence é o desejo de amar. "Não existe amor feliz"[78].

---

78. ARAGON, L. "Il n'y a pas d'amour heureux". In: *La Diane française* [A Diana francesa]. Seghers, 1955.

Cabe a cada um verificar se o seu amor é uma ideia, uma imagem, um ser, um Deus externo e ausente. Se nosso amor é um ser, uma presença interior, essa presença expulsará toda dor e amargura e nos tornará livres para com o desejo ou nos fará aceder a um outro modo de desejo; não o desejo daquilo que nos falta, mas o desejo daquilo que temos e daquilo que somos (mais Spinoza do que Platão).

O Cântico canta o amor Presença ou o amor Ausência? O amor Presença é melhor do que todo prazer; ele é beatitude. O amor Ausência é pior do que todo desejo e do que toda carência; ele é abandono, angústia e também culpa. Culpa por não amar, por não saber amar, por jamais ter sabido amar; esta é, sem dúvida, a situação da Bem-amada quando ela encontra os guardas que simbolizam, como vimos, os guardiães da Lei, as Escrituras Sagradas. Dessa vez não se trata mais "de realizar e suplantar"; essas Escrituras nos condenam e nos despedaçam, nos acusam por não termos sabido e por ainda não sabermos amar.

É isso o que fazem por vezes as religiões. Elas nos acusam não apenas de não amar nosso próximo ou nossos inimigos, mas de não amar nossos amados e nossos amigos; elas consagram nossa impotência em vez de nos aliviar dela. Mas quem pode transmitir a graça, quem pode nos tornar capazes de amar, se não apenas Deus e seu Santo Espírito?

7.

>Os guardas que rondam pela cidade
>me encontraram.
>Eles me bateram,
>eles me feriram,
>eles arrancaram o meu véu,
>os guardas das muralhas.

Aqueles que eram muralhas para os excessos do meu desejo, eis que eles me sufocam, arrancam o meu véu, me desnudam.

Eu descubro o meu nada

"sem amor eu nada sou"

"aquele que não ama habita na morte"

Quem contará os tormentos de um coração desertado pelo amor? Jamais estamos doentes pela presença do amor; estamos sempre doentes pela sua ausência.

Aquele que ama está em paz, e se ele sofre é por não amar ainda mais. A doença do amor talvez não seja o que imaginamos – langor romântico, tormentas de um desejo não saciado –, mas sentido de responsabilidade, consciência ética, consciência de mal amar, desejo de mudar de coração, para novamente conhecer a presença do amor, do Ser amado das nossas vidas, em si, em tudo e em todos.

A exegese rabínica é, sem dúvida, mais simples; ela vê no semissono e na desatenção do amante a história das recusas de Israel ao dom incessante de YHWH/Deus manifestado em suas teofanias e por ocasião de diversas ocasiões favoráveis (*kairos*); cansado de tantos pecados, "Deus não responde mais". Seu silêncio é a consequência dos seus atos, os golpes infligidos pelos guardas são como as guerras e as destruições infligidas a Israel pelo Egito, a Assíria, a Babilônia, até chegarmos aos gregos e aos romanos.

8.

>Eu vos conjuro,
>filhas de Jerusalém!
>Se encontrardes o meu amado,
>o que lhe direis?
>Que estou doente de amor!

Se o amor é o amor daquilo que nos é dado no aqui e agora, a doença do amor não é o desejo? Quem nos faz preferir o que não está aqui, presente, àquilo que está aqui, presente?

Desejo daquilo ou daquele que está ausente, preferir a ideia, a imagem de alguém à sua presença real, preferir uma terra ideal, longínqua, àquela que está sob nossos pés? Preferir o que já conhecemos e projetá-lo no futuro, ao invés daquilo que nos é dado conhecer agora? O maior obstáculo é uma felicidade passada, um amor passado, aquilo que nos impede de saborear uma felicidade presente.

Não é possível ter certeza, pois o desejo também nos impede de nos fecharmos no "agora", na "mão que segura"[79], naquilo que pode haver de medíocre e de tranquilizador nas relações, para nos manter abertos àquilo que conhecemos de maior e nos manter fiéis ao nosso mais elevado amor.

Podemos fazer do momento presente um ídolo, um substituto do Instante e da Presença próxima e inacessível que ali se revela. A ausência, então, não é a ausência do amor, mas recusa das presenças que tinham a pretensão de preenchê-la.

Como dizíamos, "aquele cuja doença chama-se Jesus, jamais ficará curado". Ele não pode mais fazer de um Deus um ídolo que poderíamos possuir, ter ou compreender. Ele nos revela um Deus que só adquirimos perdendo; ou melhor, dando. Nenhum outro Deus senão aquele que é Amor.

É uma doença que nos cura de todas as outras doenças, é um Amor, uma fé e uma esperança que nos libertam de todas as idolatrias, e essa doença já é a resposta às filhas de Jerusalém. Quem é ele, o

---

79. Jogo de palavras em francês intraduzível para o português: "[...] le déd sir nous empêche aussi de nous enfermer dans le 'main-tenant'". O autor divide a palavra *maintenant* ("agora") transformando-a em *main-tenant* ("mão que segura"), dando assim um sentido duplo à frase: " [...] o desejo também nos impede de nos fecharmos no agora" e/ou "[...] o desejo também nos impede de nos fecharmos na "mão que segura" [N.T.].

teu amado, quem é Ele, o teu Deus? Ele me cura de todas as doenças e Ele me faz adoecer de amor.

O prazer de conhecê-lo me dá o desejo de conhecê-lo ainda mais. O prazer de tê-lo abraçado me dá o desejo de abraçá-lo ainda mais. O desejo que ele colocou em mim não permite mais que eu me detenha em júbilo algum.

Isso é bom, isso é ruim? É saúde ou doença encontrar-se dessa maneira, insatisfeita e preenchida, sempre viva?

9.

> O que tem o teu Bem-amado
> a mais do que os outros,
> ó tu, a mais formosa dentre as mulheres?
> Quem é ele, o teu amado,
> para assim nos conjurar?

"As outras nações perguntam a Israel: 'O que o teu amor tem a mais do que os outros amores?' 'O que o teu Deus tem a mais do que os outros deuses?' 'O que o teu protetor tem a mais do que os outros protetores'"?[80]

Quer sejam as nações que interrogam Jerusalém sobre o seu Deus, ou nossos amigos próximos que nos questionam sobre o nosso amor, há todo tipo de tentativas que podem nos fazer duvidar de um apego tão "particular". Não é o nosso apego a uma forma singular de Deus ou a um corpo preferido a todos os outros corpos que é fonte de ilusão, separação e sofrimento?

"Uma perdida, dez encontradas." Sim, pode haver outros homens, outras mulheres, mas jamais será este homem, esta mulher, "não há outro tu além de tu", diz a Bem-amada ao seu amado; não há outro ele além dele, diz ela às filhas de Jerusalém.

---

80. *Midrach Cant. Rabba*, V, p. 211.

Não há outro Deus além de Tu, diz Israel ao seu Deus.

Não há outro Deus além dele, diz Israel às nações.

Não há outro Deus além de Deus, dirá o Islã.

É isso que traduziremos, na sua versão filosófica ou mística, por "não há outra realidade além da Realidade".

Não podemos substituir um ser por um outro ser, seja um cachorro, um gato, uma criança, um homem, uma mulher ou um Deus, forma única da Realidade Una. Aqueles que dizem a uma mãe que acaba de perder um filho que ela pode ter um outro, que ela pode "substituí-lo", não sabem o que estão dizendo.

Esse é o drama das "crianças substitutas". Elas não são amadas por si mesmas, elas tomaram o lugar de outra criança. Cada criança é única e insubstituível, até mesmo um cachorro não substitui um outro cachorro e, menos ainda, não é possível substituir uma mulher amada por uma outra mulher, uma não faz esquecer a outra, assim como não substituímos um homem por um outro homem. Cada um é único, a menos que o reduzamos a um funcionamento sexual ou orgânico, mas então o estaremos reduzindo a um estado de objeto; ele não passa de um "isso", não de um "tu", não de um "ele".

Toda relação com um ser ou com a Fonte de todo Ser é única e insubstituível. O que o teu Bem-amado tem "a mais"? O que o teu Deus tem a mais?

Por vezes, esse homem não tem nada a mais do que os outros homens; talvez ele tenha a menos: menos beleza, menos saber, menos poder, menos riquezas, mas "é ele".

Meu Deus não tem nada a mais do que os outros deuses, talvez ele tenha a menos – menos todo-poderoso, menos onisciente, menos isso ou aquilo –, mas é Ele e a relação que tenho com Ele é única; é nele que eu me reconheço amado, é por Ele que eu existo. Há outras maneiras de acreditar, outras maneiras de ser amado e de amar. Eu as respeito, mas eu respeito também a forma através da qual o único Real me tocou, me falou.

Não podemos dar testemunho da Essência de Deus, mas da sua energia, ou seja, da sua manifestação e da sua encarnação "para nós", a encarnação do seu amor pela nossa salvação e para a nossa felicidade.

Para Gregório de Nissa, a Bem-amada não fala às filhas de Jerusalém

> sobre aquilo que estava no começo (pois o discurso não tem o poder de manifestar o indizível), mas ela conduz as jovens à manifestação de Deus que aconteceu na carne, por nós (é isso também que faz o grande João que se calou sobre "aquilo que estava no começo", mas nos falou cuidadosamente sobre "o que vimos e ouvimos e que nossas mãos tocaram do Verbo da verdade" (1Jo 1,1). A Esposa lhes diz então: "Meu Bem-amado é branco e vermelho, escolhido entre miríades. Sua cabeça é feita do ouro de Cefas, seus cachos são como pinheiros, negros como a asa da graúna. Seus olhos são como pombas descansando sobre a abundância das águas, banhando-se no leite, pousadas sobre as águas copiosas. Suas faces são como frascos de aromas que espalham seu perfume. Seus lábios são como lírios; eles destilam a mirra plena. Suas mãos são feitas no torno, elas são de ouro, repletas e ousadas. Seu ventre é uma placa de marfim descansando sobre uma pedra de safira. Suas pernas são como colunas de alabastro pousadas sobre bases de ouro. Seu aspecto é como o do Líbano eleito, como os cedros. Seu pescoço é suave e totalmente desejável. Este é o meu Bem-amado, este é o meu amigo, filhas de Jerusalém (Ct 5,10-16). Todos esses traços com os quais pintamos sua beleza não indicam as realidades invisíveis e incompreensíveis da sua divindade, apenas aquelas que foram manifestadas em sua vida sobre a terra onde Ele viveu entre os homens, revestido da natureza humana. Segundo a palavra do Apóstolo, através dessas qualidades, a inteligência pode *ver* por meio das

suas obras aquilo que existe de invisível nele e que se desvela na fundação do universo da Igreja[81].

De passagem, tomamos conhecimento de uma tradução feita a partir da Septuaginta, a Bíblia utilizada por Gregório de Nissa, que difere um pouco das traduções feitas a partir do hebraico dos massoretas (século X). O que essa tradução tem a mais do que as outras? Qual exegeta ousará dizer: "É a minha preferida".

O que dizer a mais? Seja o amor por um ser, um Deus, uma escritura, nosso amor é sempre uma escolha, uma preferência, mesmo quando esta toma por vezes ares de fatalidade: Não, eu não o escolhi, é ele, é ela, foi Deus quem me escolheu. Isso também é verdade, mas ainda assim devemos aceitar termos sido escolhidos, eleitos – não é isso "a aliança", encontro de duas liberdades, eleição recíproca?

10.
    Meu Bem-amado é viçoso e vermelho vivo.
    Ele é Único!

Alguns traduzirão: "Ele é branco e vermelho". "Israel responde: 'Meu amor é branco e vermelho' (o branco simboliza a misericórdia e o vermelho a justiça): branco para mim na terra do Egito e vermelho para os egípcios... Ele é branco para mim no mundo por vir e vermelho neste mundo"[82].

Unir o branco e o vermelho nele. Seja a misericórdia e a justiça, o rigor e a ternura, a intuição e a razão etc. É fazer dele "a coincidência dos opostos", "o arquétipo da síntese", a não dualidade encarnada. Ele é Um e ele é único; o fato de ser único (meu amado ou meu Deus) não o opõe aos outros homens e a outras representações do

---

81. GREGÓRIO DE NISSA. *La colombe et la ténèbre*. Op. cit., p. 177-178.
82. Cf. V, 10. *Midrach Cant. Rabba*, V, 9. Op. cit., p. 211.

Deus Uno, da Realidade Una, mas o distingue e o diferencia, pois é através do seu semblante particular que vem para mim o semblante do todo; é através do seu corpo particular que eu descubro o corpo do universo.

O que dizer depois disso, senão entrar nos detalhes desse corpo tão particular e reunir cada um dos seus membros aos membros do céu e da terra com todas suas pedras preciosas e seus perfumes? Um único corpo para os diversos membros, um único universo para os planetas e os incontáveis astros, um único Deus que tem todos os nomes e nenhum nome pode nomear.

11.

>Sua cabeça é dourada,
>de um puro ouro.
>Seus cachos,
>negros como a asa da graúna.

12.

>Seus olhos
>são como pombas
>junto a uma fonte,
>banhando-se em leite.
>Plenitude!

13.

>Suas faces
>são como canteiros de aromas,
>montes cobertos de flores perfumadas.
>Seus lábios
>são lírios
>que destilam pura mirra.

14.

Suas mãos
são esferas de ouro,
encrustadas com pedras de Társis,
seus flancos
são alvo marfim engastado com safiras.

15.

Suas pernas
são como colunas de alabastro
pousadas sobre pedestais de ouro.
Sua atitude e seu aspecto
lembram o Líbano.
Ele é o eleito, como os cedros.

16.

Sua palavra é doce,
tudo nele aviva o desejo.
Este é o meu Bem-amado,
este é o meu amigo,
filhas de Jerusalém.

É como dizer que meu amigo ausente agora é tudo. Penso nesta mãe que, após um luto longo e difícil, conseguiu aceitar a morte do seu filho. Ela me disse: "Meu filho, agora, é a edelvais em flor, ele é a nuvem, a montanha. Os rios me lembram o seu riso, ele se deita todas as noites com o sol. Meu filho, agora, é sobretudo todas as outras crianças, todos aqueles que pedem minha afeição e minha atenção..." E ela parecia feliz e em paz nesse humilde serviço, onde ela considerava todo ser encontrado em seu caminho como seu próprio filho.

Isso pode nos fazer pensar em São João da Cruz que, em seu *Cântico espiritual*, após longas noites, descreve seu Bem-amado como um claro silêncio, como uma montanha perfumada. Quando estamos totalmente com Ele, tudo torna-se Ele. Para aquele que ama e que é realmente habitado por este amor, "tudo é graça", tudo é ocasião para amar.

O que lhe importam, então, as questões incessantemente reiteradas dos curiosos e das curiosas?: "Onde está ele, o teu amado?" "Onde está ele, o amor?" "Onde está ele, o teu Deus?" "Onde estás tu, ó minha luz?" A luz está diante e atrás dos meus olhos, meu amado, meu amor; meu Deus está no seu jardim ou na sua gruta, entre os rochedos. Enquanto Ele me conceder a graça de amar, Ele estará no meu ventre, no meu coração, na minha cabeça de ouro e de orvalho.

8 Canto VI

1.

>Para onde foi teu amado,
>ó bela dentre as mulheres?
>Rumo a qual estrela?
>Para que o busquemos contigo...

A evocação do seu Bem-amado parece ter dado às filhas de Jerusalém o desejo de ir buscá-lo junto com elas.

Onde está ele? Um tal ser existe realmente?

Onde está ele? Um tal Deus existe realmente?

Onde está ele, o Amor?

Toda noite tem a sua estrela.

Onde está ela, esta estrela entre as estrelas?

A do pastor do nosso ser e do nosso desejo.

2.

>Meu Bem-amado desceu
>ao seu jardim,
>aos canteiros dos aromas,
>para lá apascentar seu rebanho
>e colher os lírios.

O amor não para de descer cada vez mais profundamente em nossas matérias para ali fazer o seu jardim. Nossos corpos e o corpo do universo não estão destinados a se transformarem em um monte de ruínas ou um depósito de lixo, mas em um canteiro de aromas. É esse milagre ou essa alquimia que o amor opera nesse campo de energia e de consciência que é o nosso corpo.

Sua santa presença leva a paz ao rebanho dos nossos pensamentos e das nossas emoções; o lírio do silêncio pode ali florescer; no jardim do amor (Éden, paraíso) tudo é ordem, calma e voluptuosidade.

O abandono do corpo da Bem-amada no corpo do amado coloca em relação as vogais ocultas do Nome de Deus, o Céu é para a Terra e a Terra é para o Céu.

3.

> Eu sou para o meu Bem-amado,
> meu Bem-amado é para mim,
> o pastor das rosas.

A relação do homem e da mulher, seu movimento de um "para" o outro, de um "pelo" outro, de um "no" outro é, segundo o Livro do Gênesis, aquilo que constitui "a imagem da semelhança de Deus", já que "à sua imagem e à sua semelhança Ele os criou; homem e mulher Ele os criou". Não é o homem ou a mulher, ou uma "parte do homem ou da mulher" (sua consciência, sua liberdade, seu espírito, seu coração ou seu sexo), mas é a sua relação que é feita à imagem e semelhança de Deus.

"Conhecer" o outro no sentido bíblico não é apenas conhecer o outro carnal e totalmente, é conhecer YHWH/Deus, que é fonte deste conhecimento, fonte de todo Amor.

A cabala desenvolverá amplamente este tema, particularmente a *Lettre sur la sainteté* [83] [Carta sobre a santidade], composta na Espanha no século XIII.

O Talmud já dizia: "Quando o homem se une à sua mulher na santidade, a *Shekinah* está entre eles segundo o segredo do *Ich* (o homem) e da *Icha* (a mulher)"[84].

Assim, na relação íntima do homem e da mulher, Deus está presente, e esta Presença de Deus (*Shekinah*) é o Amor. Se o Amor estiver ausente, a relação não passará de acasalamento bestial ou mecânico. Quando o Amor (o grande Terceiro entre o amante e a amada) não é convidado às bodas, não é apenas o vinho (o prazer) que vem a nos faltar, é a nossa própria humanidade. Esta humanidade que, ao unir seus dois polos, masculino e feminino, reúne assim as duas letras mais sagradas do Nome de Deus YHWH: o *yod* (letra/semente, letra masculina) e o *he* (letra aberta, letra feminina), "chama de *Yah*" dirá o Cântico. O clima dessa *Carta sobre a santidade* parece estar longe daquilo que o Papa Inocêncio III († 1216) disse na mesma época: "O próprio ato sexual é tão vergonhoso que ele é intrinsicamente ruim". E um teólogo célebre acrescentou: "O Santo Espírito retira-se do quarto dos casados que cumprem o ato sexual, mesmo com o único objetivo da concepção"[85].

O que dizem a cabala e a tradição bíblica é exatamente o contrário: o Santo-Espírito, a *Shekinah* entra no quarto dos esposos,

---

83. *Lettre sur la sainteté* – La relation de l'homme et de la femme dans la cabale [*Carta sobre a santidade* – A relação do homem e da mulher na cabala]. Éd. Verdier, 1986 [traduzido e anotado por Charles Mopsik].

84. *Talmud* – Tratado Sota 17a.

85. SULLIVAN, D. "A History of Catholic Thinking on Contraception" [Uma história do pensamento católico sobre a contracepção]. In: BIRMINGAM, W. (ed.). *What Modern Catholics think about Birth control* [O que os católicos modernos pensam sobre o controle de natalidade]. Nova York: New American Library, 1964.

especialmente na noite do *shabat*, quando eles realizam o ato pelo qual Deus perpetua e derrama seu amor pelos mundos.

Disse São João: "Deus, nunca ninguém jamais o viu. Aqueles que permanecerem no Amor permanecerão em Deus e Deus permanecerá neles" (1Jo 4).

Ali onde alguns só veem espinhos o pastor discerne a rosa.

4.

> Tu és bela, minha amiga,
> como Tirza,
> esplêndida como Jerusalém,
> terrível como um exército!

Essa última linha já teve diversas traduções: "terrível como bandeiras em batalha"(Bíblia Bayard); "temível como batalhões" (Bíblia de Jerusalém); "temível como estandartes" (tradução de Lalou, Calame); "terrível como essas coisas insignes" (tradução TEB); "terrível como uma miragem" (tradução de Chouraqui).

Tudo depende da nossa interpretação da palavra *nidqalot*. Essa palavra deriva de uma raiz – *daqal* – que quer dizer "içar", "hastear os estandartes". Geralmente o amado é comparado a um exército em guerra que hasteia os estandartes, mas o termo tem uma ambiguidade que André Chouraqui tentou manter. Ele viu ali a expressão de um fenômeno natural, seja uma galáxia ou, melhor, uma miragem. A TEB fala de "coisas insignes", indicando em uma nota que se trata de "seres divinos". Não poderíamos ver nesses "seres divinos", ao invés de "coisas insignes" ou uma miragem, anjos? O exército ou os batalhões aqui sugeridos, seriam, então, o exército dos anjos, eco de YHWH/Shabaot, "Deus dos exércitos", ou seja, exércitos angélicos, literalmente "hierarquias".

A Bem-amada surge, então, não apenas esplêndida como Jerusalém, bela como Tirza, mas "terrível como um anjo", no sentido experimentado por Rilke e testemunhado na primeira elegia de Duíno:

> Quem, se eu gritasse, entre as legiões dos anjos,
> me ouviria? E mesmo que um deles me tomasse
> inesperadamente em seu coração, aniquilar-me-ia
> sua existência demasiado forte.
> Pois o que é o Belo
> senão o grau do Terrível que ainda suportamos [...][86].

Para Rilke, o anjo é o ser em quem a transformação do visível em invisível apresenta-se como já tendo sido realizada. Essa aparição é numinosa, ao mesmo tempo fascinante e aterrorizante. Assim apresenta-se o ser amado (divino ou humano). O amor o transfigura, ele nos fascina pela sua beleza na qual nós reconhecemos a essência do nosso destino e ele nos aterroriza pelo abismo, o incognoscível, a alteridade que ele carrega em si.

Antes de voltarmos às imagens já citadas, é isso que o poema especifica no versículo 5:

> Tu és bela minha amiga
> terrível também
> como um anjo.

---

86. "Quem, se eu gritasse, entre as legiões dos anjos / me ouviria? / E mesmo que um deles me tomasse / inesperadamente em seu coração, aniquilar-me-ia / sua existência demasiado forte. / Pois o que é o Belo / senão o grau do Terrível que ainda suportamos / e que admiramos porque, impassível, desdenha / destruir-nos? Todo anjo é terrível. / E eu contenho, pois, e reprimo o apelo / do meu soluço obscuro. Ai, que nos poderia / valer? Nem anjos, nem homens / e o intuitivo animal logo adverte / que para nós não há amparo / neste mundo definido. Resta-nos, quem sabe, / a árvore de alguma colina, que podemos rever / cada dia; resta-nos a rua de ontem / e o apego cotidiano de algum hábito / que se afeiçoou a nós e permaneceu. / E a noite, a noite, quando o vento pleno dos espaços / do mundo desgasta-nos a face – a quem se furtaria ela, / a desejada, ternamente enganosa, sobressalto para o / coração solitário? Será mais leve para os que se amam? / Ai, apenas ocultam eles, um ao outro, seu destino. / Não o sabias? Arroja o vácuo aprisionado em teus braços / para os espaços que respiramos – talvez os pássaros / sentirão o ar mais dilatado, num voo mais comovido" (RILKE, R.M. *Elegias de Duíno*. Ed. Globo, 2001).

"Meu Senhor e meu Deus", dirá Tomé diante do Cristo ressuscitado, doce terror, terna vertigem.

5.

>Desvia de mim teus olhares,
>pois eles me fascinam.
>Teus cabelos
>são como um rebanho de cabras
>que ondulam sobre as colinas de Galaad.

6.

>Teus dentes
>são como ovelhas que sobem
>do bebedouro,
>par a par,
>nenhuma solitária.

7.

>Tuas faces
>são metades de romã
>sob o teu véu.

8.

>Sessenta são rainhas,
>oitenta concubinas
>e jovens sem número.

9.

> Única é a minha pomba,
> minha perfeita.
> Única para a sua mãe,
> imaculada para aquela que lhe deu à luz.
> As jovens mulheres a viram
> e lhe disseram "bem-aventurada",
> rainhas e concubinas a celebraram.

"Sessenta são rainhas, oitenta concubinas e incontáveis jovens moças", o catálogo que calcula as conquistas de Don Juan parece pobre se comparado às incontáveis mulheres que cercam o Rei Salomão e, no entanto, uma parece se sobressair do harém ou do rebanho e elevar-se como a pomba, ao *status* de única e de bem-amada. "Única é a minha pomba." Única como uma criança para a sua mãe, não importando quantos filhos ela tenha.

O Cântico dos Cânticos parece afirmar aqui a possibilidade de uma relação que não é da ordem da quantidade ou da repetição, mas da qualidade e da singularidade, a eleição recíproca. É isso que faz emergir do seio da natureza aquilo que chamamos de pessoa; o que faz emergir disso, um Tu, um Você, que responde ao meu Eu e que o fundamenta.

> Quem sou eu sem tu?
>
> Eu sou isso
>
> Isso, um "ser-para-a-morte"
> Ou um ser infinito.
>
> Pouco importa.
>
> Eu sou apenas isso.
>
>
> Quem sou eu contigo?
>
> Eu sou isso

Um ser infinito

Um "ser-para-a-morte"

Mas eu não sou apenas isso

Eu sou mais do que isso

Eu sou um ser amado

Eu sou em mim mesmo, para, por, em

Um outro

Eu não sou apenas um ser

Objeto dentre os objetos,

Isso dentre outros isso,

Substância finita ou infinita

Eu sou um Tu

O Tu daquele que me diz "tu" és isso

Eu sou aquele que tem um semblante voltado para um outro semblante, aquele que é reconhecido por um outro semblante voltado para o meu semblante

"Eu sou" é relação

"Eu sou" é capaz de amor

"Eu sou o que eu sou" porque antes de tudo eu fui amado em primeiro lugar, amado pelo Ser que me faz ser, que me faz amar.

Eu sou, eu penso, eu amo.

Eu sou conhecido, eu sou amado,

Eu penso, eu amo, eu sou.

O que é este Ser que me faz ser, pensar e amar?

Ele é Ser, Consciência, Amor,

Ou Vida, Luz, Alegria, (*sat chit ananda*)

Trindade Una e indivisível.

O que me faz dizer que a vida, a origem da vida (*arché*), é uma pessoa? Porque a vida se dá, a vida me é dada, eu não sou um ente jogado aqui, mas um ente que foi dado.

O que me faz pensar que a Luz, a Consciência (o *Logos*) é uma pessoa? Porque a consciência se dá, a luz se torna "participável", "pensável". A consciência me é dada, ao mesmo tempo que a vida. A minha vida é uma vida consciente, consciente de ter sido dada, de ser um ente dado.

O que me faz experimentar o Amor como pessoa? Porque o Amor se dá gratuitamente (graça); antes de amar eu já sou amado, eu sou amado em primeiro lugar, eu sou amado pelo Ser que me faz ser, ser vivo, ser consciente, ser amante. É pelo Amor que eu mais me aproximo do segredo do ser, do ser que se dá, ser em relação, Ser/Amor (*O Ôn/Ágape*). Ser/Amor transcendente, anterior a tudo aquilo que Ele faz existir, viver, pensar, amar.

Como posso experimentar este Ser que se dá em tudo e em todos se eu não experimentá-lo em mim mesmo? Posso experimentá-lo amando, fazendo-me abertura, disponibilidade, escuta, presença ao Ser-aqui, presente que se dá.

A natureza torna-se "pessoa"

quando esta natureza se dá

quando ela se supera

se autotranscende no Amor.

Passagem ou conversão
do Ser em Amor
do Ser ente em ser amante.

Passagem ou conversão
do ser-objeto, objetivo,
ao ser-sujeito, subjetivo.

Passagem do isso ao Eu e ao Tu
Do ser em si, por si, ao ser voltado para o outro, para outrem
(voltado, com, para, por, em, outrem).

Passagem de uma afirmação de si
que ocupa todo o espaço,
substância única, não há nada além "disso",
a uma abertura ao outro "com" quem eu compartilho a substância única e que, no entanto, é diferente,
"voltado para" "mim",
para me dizer "tu" és isso.

Quando Eu, Tu e isso estão bem diferenciados, eles fazem apenas um, paradoxo e aporia do Ser em relação, do Ser/Amor. O Amor não é aqui um acidente ou uma qualidade do Ser, mas a sua essência, sua transcendência, aquilo que o faz ser. Ser bem-amada ou bem-amado (*dodi*). Não é apenas ser feliz, é ser "bem-aventurado".

Não basta amar ou ser amado, é preciso ainda ser bem-amado, amar bem. Não basta ser feliz, é preciso ainda ser bem-aventurado, bem feliz, feliz no Bem. "As jovens mulheres" viram isso; elas a chamam de bem-amada: rainhas e concubinas a celebram.

Existe aqui uma espécie de admiração e de reconhecimento do amor fatal ou biológico, do amor profano e repetitivo, para com este Amor de eleição ou Amor sagrado, um Amor que não se deixa jamais reduzir a isso (o sexo, o interesse, a convenção, a propagação da espécie etc.). Este Amor ergue-se na aurora da transcendência. O grande dia onde, livre em relação a mim mesmo, o outro enfim existe.

10.

> Quem é esta que surge
> como a aurora,
> formosa como a lua,
> resplandecente como o sol,
> terrível como os batalhões?

11.

> Ao jardim das nogueiras
> eu desci
> para ver os jovens brotos
> do vale,
> a floração dos vinhedos,
> o brotar das romãzeiras.

O advento do amor em nossas vidas é realmente uma aurora, o advento de uma vida nova, uma vida fecunda.

As nogueiras são árvores que tem uma madeira dura e é bonito vê-las se abrirem além das suas cascas, rebentando em jovens brotos. Às vezes é isso que acontece ao coração duro quando o amor ali desce e faz dele o seu jardim.

Mestre Eckhart falará dessa qualidade de amor em que "o homem verdeja", ele ama "sem por que", pois o seu prazer é amar, mas não sem haver um "para quem", porque ele sabe quem é "Aquele que o seu coração ama", que lhe abriu o coração, amando-o em primeiro lugar e dando-lhe o Ser.

"A floração dos vinhedos, o brotar das romãzeiras"... O homem verdeja porque em sua alma é a primavera, mas todas as estações são boas. Sempre é hora de amar.

12.

>Carros!
>Ó, meu povo, ó príncipe,
>Onde estou? (Onde estás, minha alma?)
>Não sei mais.

A variedade de traduções é mais uma vez surpreendente:

>Eu não sei!
>Mas o meu desejo me jogou
>Sobre os carros de Amminadab (Bíblia de Jerusalém).

>Eu não reconheço meu próprio eu
>ele me deixa tímida,
>apesar de ser filha de nobres pessoas (TEB).

>Ah, eu não sabia
>eu fui inteiramente arrebatada
>sobre os carros de Ammi-Nadiv (Bíblia Bayard).

>Eu não sei, mas o meu ser
>me atrelou aos carros do meu povo príncipe (Chouraqui).

>Eu não sei, minha vida me deu
>lugar; existem carros,
>meu povo é nobre (Lalou, Calame).

>Meu desejo me deixou parecida
>aos carros do meu nobre povo (Bíblia Crampion).

Meu amor me fez subir sobre os carros
do meu nobre povo (Bíblia corânica).

Sem esquecer a Vulgata, que será fonte de múltiplos comentários:

Nescivi: anima mea conturbavi propter quadrigas Aminadab" (Vulgata de São Jerônimo) traduzida da seguinte maneira por Claudel:

Eu coloquei-me a não saber: minha alma entrou na perturbação devido às quadrigas de Aminadab.

O que diz o texto hebraico e a sua tradução palavra por palavra?

Lo Yadati nafchi samatui
Não eu sei minha alma me assentou

Markevot ammi		*nadiv*
Carros	meu povo	generoso

A Bíblia de Jerusalém, em nota, especifica, sem fazer outros comentários, que este "versículo difícil desafia toda interpretação".

André Chouraqui é um pouco mais prolixo:

Este versículo é considerado como um dos mais difíceis do poema. Primeiro, quem pronuncia estas palavras? As respostas mais variadas foram dadas a esta questão: o amante, a amada, o rei, o coro, as mulheres do harém, sem falar das interpretações alegóricas que falam da sinagoga ou da Igreja. Alguns viram nele até mesmo a confissão de um escriba, declarando-se incapaz de decifrar corretamente o texto que ele tinha sob seus olhos.

No final, Chouraqui opta por "uma exclamação arrebatadora da amada e nos parece um bom método deixar ao texto sua obscuridade, com a possibilidade que ele oferece de ali enxertar uma multidão de sentidos".

Alguns tradutores pensam que *nafchi de nephesh* ("minha alma") pode ser traduzido por "meu desejo, neste estado de ignorância"; *lo yadá'ti,* literalmente: "Eu não consigo nada compreender, nada captar, colocar a mão sobre (*yad*) nada".

A Bem-amada não sabe mais onde ela está, quem ela é, quem é a sua alma, seu "eu". Onde estás tu, ó minha alma (*nafchi*)?

Relativo a *Ammi-Nadiv* – Essa expressão significa "meu povo nobre", ela pode ser lida como um nome próprio. A Septuaginta, a Vulgata e alguns manuscritos hebraicos tornam *Amina dav* proprietária de uma casa para onde foi conduzida a arca do Senhor (1Sm 7,1[87]).

Ao escolher a forma *Ammi-Nadiv* podemos ressaltar o termo "nobre", "príncipe" (*nadiv*).

Cada termo pode encontrar o seu lugar em uma única exclamação, que é confissão do encantamento e da douta ignorância, em presença deste amor que o arrebata, o transborda e conduz a alma (*nephesh*) além de si mesma e de toda compreensão.

Para o Midrach, a Bem-amada é sempre o povo de Israel que felizmente não compreende tudo que lhe acontece. Ele pode dizer, junto com a Bem-amada, a palavra abençoada que o liberta de todo orgulho e de toda suficiência:

> Nós podemos comparar Israel à filha de um rei que colhe espigas. Quando o rei passa, ele a reconhece e envia seu amigo para fazê-la subir no carro e ficar junto a ele. Então, os companheiros da filha colocam-se a observá-la com surpresa dizendo: "Ontem tu colhias espigas, e hoje estás sentada em um carro junto ao rei!" Ela lhes diz: "Da mesma maneira como eu vos surpreendo, eu própria me surpreendo". E ela aplica a si mesma o versículo: *"Eu não sei"*[88].

---

87. "Então vieram os homens de Cariat-Iarim e levaram a arca do Senhor e a trouxeram a casa de Abinadab, no outeiro; e consagraram a Eleazar, seu filho, para que guardasse a arca do Senhor."
88. Cf. VI, 12. *Midrach Cant. Rabba*, VI, 27.

"Eu não sei", *Nescivi*, os místicos, particularmente São João da Cruz, comentarão longamente essas palavras. O amor, se nos aventurarmos em suas profundezas e à medida que o formos experimentando, saberemos cada vez menos o que é.

O amor não é algo a ser agarrado ou "com-pr(e)endido", ele escapa à qualquer compreensão e a toda apropriação, ele não é da ordem do objeto ou da coisa e das realidades que podemos conhecer objetiva e cientificamente; ele não deve ser buscado junto ao objeto conhecido, mas junto ao sujeito conhecedor, donde a questão da Bem-amada: "Onde estou, onde estás, ó minha alma?" Qual é este "eu" que diz conhecer e amar? E, felizmente, ela não sabe. Se ela soubesse, esse "eu" seria apenas um objeto dentre outros, que poderíamos prender e apreender.

O "eu" que ama (como o "eu" que pensa e respira) está além do "eu" que é mais profundo do que "eu sou", ele é o "eu" que "dá" a ser, viver, pensar e amar.

A Fonte do ser e do amor está sempre em retiro, por baixo do Ser e do Amor que podemos conhecer. "Onde estás?" – essa é a grande questão colocada por YHWH/Deus, ao terroso (*adamah*) quando este se vê fora da presença do Amor que lhe dá a vida. "Onde estás?" é a questão que deveria conduzir o *humus*, o humano (*adamah*) à sua raiz e à sua fonte.

"Onde estou?" neste instante onde eu digo amar e ser amado, de onde me vem esse conhecimento, essa consciência, essa busca e essa questão? Onde está a Fonte desse rio da Vida que me inunda o corpo, o coração e o espírito?

"Eu não sei", *nescivi*, não quer dizer que eu não queira saber, mas que eu não posso saber. Se eu pudesse saber o que é o amor, a vida, a consciência, eu faria deles objetos "fora de mim". Eu não estaria mais no amor, mas fora dele, expulso novamente do paraíso, longe da minha essência e do meu próprio coração.

Temos razão em dizer "Eu não sei", eu não sei o que é a vida, eu sou vivente; eu não sei o que é o amor, eu sou como o salmão na torrente: ali estou, ali eu sou.

9 Canto VII

1.

> Volta,
> volta Sulamita
> volta, volta
> e nós veremos em ti!
> O que vereis em Sulamita?
> Uma dança...
> e coros que se respondem.

Chouvi chouvi hachou lammit chouvi chouvi. Volta, volta, repetido quatro vezes: "Vira-te".

Esta é a grande palavra dos profetas e do Evangelho: "Volta ao teu coração", *metanoieté*.

Essa *techuvá* em hebraico, ou *metanoia* em grego, é geralmente traduzida por conversão ou penitência, enquanto se trata de uma passagem além, além do mental, *meta-noia*, até mesmo além dos pensamentos mais nobres e de uma volta, um retorno (*techuvá*) ao coração ou ao "centro" de si.

É sempre a mesma questão que YHWH/Deus coloca a Adamah, ao *humus*/humano: "Onde estás?" Volta para lá onde tu estás, sejas onde tu és, estejas onde tu estás, ali onde o Ser te faz ser, onde o Amor te faz amar.

Ele aguarda a resposta dos sábios, dos santos e dos profetas: "Eis-me aqui", eu estou aqui, além dos meus pensamentos (além de mim) no coração (no Self).

No coração e no Instante, presente à tua Presença, em tudo e em todos. Eu estou contigo como Tu estás comigo. Este "volta" repetido quatro vezes parece ser um convite ávido para que voltemos à prática do retorno incessante ao coração através da *metanoia*, convite para "irmos" além dos pensamentos e voltarmos para este bem-aventurado silêncio, essa paz do coração simbolizada pelo nome da Sulamita (palavra derivada de *Shalom*, assim como "Salomão" e "Yerushalaim").

"Volta" é o convite para permanecermos nessa invencível tranquilidade do coração, que é a Presença silenciosa de YHWH/Deus em nós.

O Instante, o Mestre, o Self, o Senhor, o Bem-amado são os diversos nomes dados a essa Bem-aventurada Presença, Poder de Despertar e de Transfiguração do homem e do universo.

"Volta, e nós veremos em ti!" Nós veremos com um coração silencioso todas as coisas "de outra maneira"; ou seja, na luz do amor que transfigura todas as coisas.

"O que vereis em Sulamita?" O que vereis nesse coração apaziguado? Nessa *shalom (shekinah, sophia)*, morada dos santos, dos sábios e dos profetas?

"Uma dança e coros que se respondem." Uma dança, seja a dos átomos ou a do homem com a mulher, ou a do Infinito com o finito, do Eterno com o tempo, uma dança que dá testemunho da harmonia dessa dualidade suplantada ou dessa comunhão na dualidade que chamamos amor.

"Uma dança e coros que se respondem" alguns traduzirão: "uma dança em dois campos", mas esses dois campos ou esses opostos não se enfrentam mais. *Kimeholat hamahanaim* (*Meholat*, "dança", *hamahanaim*, "dois campos").

Por que buscamos ver a Sulamita, a alma pacificada, a alma que atravessou as provações do deserto e do desejo, mas também a embriaguez do vinho e dos enlaces amorosos? "Para contemplar nela a dança, ou seja, a harmonia dinâmica e ritmada dos contrários reconciliados", nos diz Chouraqui, enfatizando:

Os dois campos, ontem inimigos, devido às durezas da separação e do exílio, aproximam-se ao perceber os reflexos do amor triunfante. De repente, a sombra e a recusa desposam-se à luz, ao sim da adesão. As forças contraditórias, que se combatem no dinamismo interno da vida, encontram seu ponto de equilíbrio no novo prodígio da encarnação, do triunfo, do amor[89].

Em seguida vem a descrição do corpo da Bem-amada; os rabinos reconhecerão nessa descrição a geografia da Terra Santa, dos pés à cabeça (o Monte Carmelo).

Novamente nos pedem para contemplarmos as paisagens carnais e cósmicas onde se revela, através de teofanias ternas e ardentes, o Ser/amado das nossas vidas.

2.

>Como teus pés são belos
>em tuas sandálias,
>ó filha de príncipe!
>A curva dos teus flancos
>são como um cálice,
>obra das mãos de um artista.

3.

>Teu regaço,
>é como um vaso onde o licor não seca.
>Teu ventre,
>como montão de trigo,
>cercado de lírios.

---

89. *Shoulamit, Poème des poèmes* 7,1-11. In: CHOURAQUI, A. Op. cit., p. 41.

4.

        Teus seios
        são como dois gamos,
        filhos gêmeos de uma gazela.

5.

        Teu pescoço
        é como uma torre de marfim.
        Teus olhos, como lagos do Hesbom,
        junto à porta de Bate-Rabim.
        Teu nariz,
        como torre do Líbano,
        sentinela voltada para Damasco.

6.

        Tua fronte ergue-se
        semelhante ao Monte Carmelo.
        Tuas tranças
        são como a púrpura.
        Um rei é cativo
        dos cachos dos teus cabelos.

Por que o seu corpo e cada um dos seus membros devem significar sempre outra coisa do que aquilo que eles são? Por que o nariz não é um nariz, mas uma torre do Líbano, uma sentinela voltada para Damasco? Por que os seios não são seios, mas dois gamos gêmeos de uma gazela? E por que esses dois gamos serão interpretados infinitamente, tanto pela Sinagoga quanto pela Igreja, como as duas Tábuas da Lei, as duas fontes da ação e da contemplação etc. E por que o ventre jamais é um ventre? O umbigo nunca é um umbigo? Quantos esforços envolvidos e imaginações excedidas para conseguir ver, como Rupert de Deutz ou Apponius, na "beleza do umbigo": "aqueles que após terem suprimido o muito vergonhoso desejo e o ato da obra infame, uma vez polidos no torno do hábito, convertem-se ao desejo casto e celeste"[90].

De passagem, podemos nos surpreender pelo fato de que um cristão, que crê na encarnação de Deus, tenha um tal desprezo pelo corpo, pelas suas partes íntimas e sua "obra infame", como se a carne nos tivesse sido dada para que pudéssemos deixá-la o mais rápido possível, sem jamais prová-la, sem jamais ali celebrar a presença da informação (o *Logos*) que a faz existir.

Por que a fronte nunca é uma fronte, uma cabeleira; os cabelos não são em si mesmos tão belos quanto o Monte Carmelo ou um rebanho de cabras? Por que os olhos, quando não são pombas, devem ser lagos de Hesbom junto à porta de Bate-Rabim. Não basta dizer que os teus olhos são os teus olhos e que eles são belos, que o teu olhar é duro, penetrante ou terno? Mas isso já seria "interpretar", colocá-los em relação com a subjetividade, um outro olhar.

Não é verdade que o corpo, assim como o texto bíblico, nada quer dizer por si se ele não for traduzido e interpretado, a tradução já sendo uma interpretação? De fato, o primeiro olhar pousado sobre um corpo já é uma interpretação, alguns dirão, "uma ilusão perceptiva".

O que seria um corpo não interpretado? Uma carne morta? Um mecanismo com um funcionamento determinado, mas sem significado? Uma máquina de desejo? Mas dizer que uma máquina "deseja" é dar-lhe uma alma, e isso continua sendo uma interpretação. Assim, interpretar é dar uma alma, um espírito, um sentido a um corpo.

---

90. APPONIUS. *Commentaires sur le Cantique des Cantiques* [Comentários sobre o Cântico dos Cânticos]. Tomo III. Cerf, 1997/1998, X, p. 87-89. In: CHRÉTIEN, J.-L. *Symbolique du corps* – La tradition chrétienne du Cantique des Cantiques [Simbolismo do corpo – A tradição cristã do Cântico dos Cânticos]. PUF, 2005, p. 343.

A beleza de um corpo depende do olhar que o outro coloca sobre ele; caso o outro seja um padre, rabino, parente ou amante, a beleza ou a feiura do corpo aparecerá de modo diferente. A leitura do corpo humano feita pelo Cântico, com suas referências incessantes às paisagens e aos perfumes da terra de Israel é, talvez, mais cósmica do que espiritual. A espiritualidade virá mais tarde, com a Sinagoga e a Igreja.

A opinião de Fílon de Alexandria sobre a articulação existente entre o mundo semita e o mundo grego é interessante. Para ele, os órgãos do corpo são também os órgãos da alma – segundo a antropologia bíblica, há apenas uma "alma encarnada", e esta alma é "capaz de Deus", ou seja, capaz do Bem e da Bondade.

O Bem, segundo Fílon, "não está nem do outro lado do mundo nem no topo do céu; ele não está no término de uma laboriosa odisseia e tampouco é o porto que aguardaria, enfim, a vinda de uma alma alada"[91]. "Na verdade, ele está na entrada, próximo, encastoada nesses três órgãos dos quais todos nós somos munidos: a boca, o coração e as mãos, símbolos da palavra, do pensamento e das ações"[92].

Todos esses órgãos e suas funções são indissociáveis, eles pertencem à unidade de um único e mesmo corpo. Mais tarde, Gregório o Grande retomará o tema, colocando o olho e a mão em relação; como diz Paulo: "E o olho não pode dizer à mão: Não tenho necessidade de ti; nem ainda a cabeça aos pés: Não tenho necessidade de vós" (1Cor 12,21).

> Ele nos mostra, com isso, que o corpo da Igreja deve utilizar ambos e unir, para o melhor, a faculdade de ver a verdade à faculdade de concretizá-la. Por si mesma, a contemplação não traz perfeição à alma sem os atos que realizam a vida moral. Mas apenas a conduta da vida também

---

91. CHRÉTIEN, J.-L. Op. cit., p. 18.
92. FÍLON DE ALEXANDRIA. *De praemiis et poenis* – De exsecrationibus. Cerf, 1961, p. 83 [trad. de A. Beckaert].

não é o suficiente para criar o bem se a piedade verdadeira não guiar as obras[93].

O filósofo também tem sua leitura do corpo:

> Assim chamaríamos de cabeça o espírito (*nous*), o pescoço e a opinião (*doxa*) – enquanto intermediários entre o racional e o irracional. Chamaríamos de peito a faculdade irascível; de ventre a faculdade concupiscível; de coxas e pés a natureza, aplicando de maneira simbólica aos poderes psíquicos os nomes tirados das partes do corpo. Essa correspondência, em parte inspirada por Platão, é mais grega do que judia e afasta-se do sentido bíblico dos membros. Ela terá a sua posteridade"[94].

Jean-Louis Chrétien, em seu livro *La Symbolique du corps – La tradition chrétienne du Cantique des Cantiques* (A simbólica do corpo – A tradição cristã do Cântico dos Cânticos") evoca essa posteridade e os meandros dessa arte, e por vezes dessa loucura interpretativa. Suas conclusões são interessantes:

> Uma história dos pensamentos do corpo que se ativesse àquilo que é dito de si mesmo, em si mesmo, deixando de lado tudo aquilo que ele pode mostrar, significar, simbolizar, teria graves lacunas e mutilações e lhe faltariam dimensões essenciais do seu objeto. O corpo é o que ele pode ser, como Husserl nos ensinou; o seu poder inclui aquilo que à primeira vista pareceria impossível. Tudo aquilo que ele pode dizer lhe pertence de alguma maneira, e não saberíamos pensar o corpo fora do mundo, não mais do que o mundo sem ele. O canto do corpo não tem fim[95].

---

93. CHRÉTIEN, J.-L. Op. cit., p. 63.
94. Ibid., p. 41.
95. Ibid., p. 295.

O corpo é um "porta-voz"; mais, talvez ele é "pneumatóforo", ele carrega o sopro, o Espírito e o Ser/Amor que o faz ser o que ele é. Rosenzweig, em *L'Étoile de la rédemption* (A estrela da redenção) esclarece:

> Como parábola, a parábola do amor atravessa toda a Revelação. É a comparação que volta incessantemente entre os profetas. Mas é preciso que seja mais do que uma parábola. E é isso que acontece quando ela surge sem um "isso significa", sem consequentemente remeter àquilo do que ela deve ser, a parábola. Não basta que a relação de Deus com o homem seja apresentada através da parábola do amante e da amada, a Palavra de Deus deve conter imediatamente a relação do amante com a amada, é preciso que ali exista o significante sem a mínima alusão ao significado.

E descrevendo as exegeses tradicionais do Cântico, ele continua:

> Sabíamos, simplesmente, que o Eu e o Tu da linguagem inter-humana são também, simplesmente, o Eu e o Tu entre Deus e o homem. Sabíamos que na linguagem apaga-se a diferença entre "imanência" e "transcendência"[96].

Ibn Arabi dizia que "O amante divino é espírito sem corpo, o amante físico é um corpo sem espírito, o amante espiritual possui espírito e corpo".

Os amantes do Cântico são espírito e corpo, espíritos encarnados e corpos espirituais; ou seja, corpo interpretado pela imaginação dada pelo amor.

O amor sobre o qual fala o Cântico não pode reduzir o outro às matérias e aos mecanismos que o constituem; nesse sentido, não pode haver uma "leitura pornográfica" do Cântico: se o nariz sempre for

---

96. Ibid., p. 292.

mais do que um nariz e o ventre sempre for mais do que um ventre, é porque o amor não vê no corpo um composto que vai se decompor; sua sabedoria é maior do que a do Qohelet, ela percebe a beleza do Invisível no visível, a Vida ou o Vivente que anima toda vida.

E é para Ele que, consciente ou inconscientemente, dirigem-se os desejos do Bem-amado e da Bem-amada quando eles se voltam um para o outro. É a luz e a energia que habitam entre eles e que eles não param de estreitar e de acolher em todos os membros e em todos os sentidos dos seus corpos.

7.

>Como és bela,
>minha Bem-amada,
>como és bela!

8.

>Tu te ergues ereta
>como uma palmeira,
>teus seios dela são os frutos.

9.

>Eu disse:
>"Subirei na palmeira
>e pegarei os seus frutos."
>Teus seios
>serão como cachos de uvas.
>O perfume do teu sopro
>será como o perfume das maçãs.

10.

Tua palavra
é como vinho maravilhoso
que faz estremecer os lábios
daqueles que dormem.

11.

Eu sou do meu Bem-amado, a ele pertenço,
a mim dirige-se o seu desejo.

Tua palavra
é como vinho maravilhoso
que faz estremecer os lábios
daqueles que dormem.

Nós dizíamos que o corpo é um "porta-voz" e que ele é "pneumatóforo"; ele transmite o Sopro (o Espírito). O Cântico indica que esse sopro, como um hálito de vida, tem o sabor das maçãs e que essa palavra é um vinho maravilhoso. De onde vem esse vinho? Não do nosso corpo que apodrece, mas do nosso corpo que fermenta, do nosso inconsciente ou supraconsciente que faz nossos lábios estremecerem no coração da noite. Esse vinho, essa palavra vem do nosso silêncio, do nosso sono profundo.

De onde nos vem o pensamento, a consciência a cada manhã no momento em que despertamos e por quê? Por que essa consciência, esse pensamento, em seguida essa palavra, talvez esse grito ou esse canto?

Por que, para quem, nós despertamos? Estávamos tão bem nesse sono profundo, nesse silêncio matricial... Por que esse incômodo, por que nascer? Por que, por quem, ser? Seria para ouvir?

"*Ani le Dodi*" significa mais do que "Eu sou do meu Bem Amado, a Ele pertenço": "Eu sou meu Bem-amado" e, mais literalmente ainda, *ani*-eu – eu sou o *Dodi*, o Bem-amado; eu sou Tu. *Ani* "eu", "eu sou" é a primeira palavra, o primeiro sinal da consciência que emerge do nosso silêncio ou sono profundo. É um leve tremor nas letras: do *ain* passamos ao *ani*, o "eu" nasce do "nada". *Ain* pode realmente ser traduzido por "nada" ou por "infinito" (*ain sof*), e se este movimento que nasce do grande sono seguir o seu curso, se ele não se fechar sobre si mesmo, seguirá em tua direção, rumo ao Tu; aquilo que nasce da noite é um "eu" voltado para um "Tu", é o Amor. Este versículo do Cântico *"ani le Dodi"* será traduzido pelo grande metafísico de Éfeso e de Patmos, também chamado João o Apóstolo, o Evangelista: *"En arcké en o Logos, kai o Logos en, pros ton Theou"* ("No início é o *Logos* e o *Logos* está voltado para o *Théos*").

Do Silêncio (*arcké*) nasce a consciência (*Logos*), a consciência está "voltada para" (*pros* e este movimento são o que chamaremos de *Pneuma*, o Sopro ou o Santo Espírito), "voltada para o *Théos*" (que podemos traduzir por Deus, mais exatamente por "a Luz" ou por "o Despertar"; a palavra derivada, *theoria*, significa "contemplação", "visão" entre os gregos). Mas talvez seja necessário interpretar esses versículos em um nível mais trivial:

> A partir do momento em que ela desperta, a Bem-amada sabe a quem ela pertence, quem a deseja e para quem se volta seu desejo. Ela pode duvidar de tudo, mas ela não duvida de que ela ama e é amada; não é de espantar que as filhas de Jerusalém, rainhas e concubinas, como já comentamos, "a julguem bem-aventurada".

Mas o que isso quer dizer, "ser de alguém", pertencer a alguém? Ser a sua "propriedade privada"? Ou permanecer nesse movimento de um para o outro, que nunca nos pertencerá, a menos que ele se fixe, congele ou fique petrificado, como um estatuto ou uma estátua entre nós? Então não será mais o amor, mas um ídolo, sua representação; não será mais uma energia, mas uma corrente que nos prende.

Se o pertencimento é realmente uma relação, um movimento do coração, ele não pode nos amarrar. De onde vem no homem essa necessidade de pertencimento a uma pessoa, uma família, uma tribo, uma sociedade, uma religião, mas também a uma terra, uma raça, um pensamento ou uma ideologia, a um Deus? Isso é tão forte que não existe nada que o homem tema mais do que o ostracismo, o exílio ou a exclusão de sua família, de seu povo, de sua terra, de seu Deus. (Ele chamará isso de inferno?) Não é como se estivéssemos dizendo que o fundo do homem é relação, mais do que essência ou substância?

Ele é um "para o outro", "pelo outro", "com o outro", "por ele, com ele, nele", disse São Paulo, referindo-se ao *Logos* que faz com que nos voltemos para o *Théos* "para", "por", "com", "em" – Não haveria aí um caminho de intimidade e de exploração do nosso ser em relação?

Não somos, antes de tudo, "por Ele"? Nós não damos a vida a nós mesmos; a vida nos é dada, nós existimos "por" ela, pelo Ser que faz ser tudo aquilo que vive e respira.

Quando nós não nos separamos do movimento da vida que se dá, nós existimos para o outro, estamos voltados para o outro. O êxtase é um movimento natural da vida voltado para uma outra vida. Essa outra vida é, é claro, a vida Una e Única, mas ela toma formas e semblantes diferentes para nos manter no movimento, a dinâmica de um "pelo" outro e de um "para" o outro. O movimento torna-se um repouso quando descobrimos que estamos "com o outro, que a Vida está conosco e que nós estamos com a Vida, quando nós a honramos nesse rosto particular, que vem em nossa direção e que vive e respira "conosco"; mais profundamente ainda, nós descobrimos que nós somos o outro, nós somos nele, nós estamos nele, Ele é em nós, Ele está em nós, o Ser é Um, a realidade é una e, em diferentes graus de intensidade, nós somos essa única Realidade; nele, nós somos "sempre o mesmo e sempre um outro", é sempre a mesma Vida e é sempre uma outra face desta Vida.

193

"Eu e Tu" não estão separados.

"eu e o Pai, nós somos um", da mesma maneira que "eu em vós e vós em mim".

L'*arké*, o *Logos*, o *pros* e o *Théos* da primeira linha do Evangelho de João são um. Em uma linguagem mais simples, que é a linguagem dos amantes ou a dos apaixonados, o Cântico canta, e este é o seu refrão: *Ani le Dodi*.

Eu-tu, eu, meu Bem-amado, nós somos um, "eu sou" (*ani*) por ele, para ele, voltado para ele, com ele, nele... e todas as preposições, posições ou relações são a glória do amor, *kavod*, o peso da sua presença, que nos convida a irmos e a voltarmos: *lekha Dodi*.

Vamos fazer uma homenagem a André Chouraqui traduzindo este *lekha* por "Vai!" antes de dizer "Vem". Como outros podem traduzir "Vem" antes de dizer "Vai"; o que seria do amor sem este "Vai e vem"?

12.

> Vem, meu Bem-amado,
> vamos aos campos!
> Passaremos as noites
> nas aldeias.

Será que nossos contemporâneos verão nesses "campos", campos de energia e de consciência? Não é esta uma bela construção ou bela representação do Real?

Nós somos constituídos por todos esses campos materiais ou quânticos, visíveis ou invisíveis que se cruzam e se entrecruzam.

O mais belo abrigo é, sem dúvida, permanecer no amor, este é o clima mais perfeito; de todo modo, este é o mais propício ao despertar, "ao brotar das romãzeiras". O dom recíproco daquilo que somos ou a consciência aumentada das nossas inter-relações físicas, psíquicas e espirituais nos lembram as virtudes mágicas da mandrágora.

13.

> Nós despertaremos
> na vinha.
> Vejamos se ela floresce,
> se já aparecem as tenras uvas
> e se já brotam
> as romãzeiras.
> Então, eu te farei o dom
> de todo o meu amor.

14.

> As mandrágoras
> exalam o seu perfume.
> Às nossas portas
> estão os melhores frutos.
> Os novos e os antigos,
> meu amor,
> para ti, eu os guardei.

Entre os gregos, a mandrágora era chamada de "a planta de Circe", a feiticeira, e ela inspirava um certo temor; ela simbolizava também a fecundidade.

No século XVIII, ela ainda era chamada de a mão da glória e ela tinha a reputação de dar o dobro daquilo que ela tinha recebido: "dois escudos de ouro por um único escudo". Aquele que ama, aquele que faz apenas um com o outro ser amado, como ele poderia deixar de dar "o dobro de si mesmo"?

"*Doudaim*" (mandrágora) evoca também "*Dodi*", "o Ser amante" e o Ser amado. A *mandragora autumnalis,* cuja raiz sugere o corpo humano, talvez nos lembre que é no corpo humano que está oculto o segredo do Ser/Deus: "o amor que faz girar a Terra, o coração humano e as outras estrelas". É este segredo "bem guardado" que um homem e uma mulher, dois seres que se amam, podem por vezes compartilhar.

10 Canto VIII

1.

Ah! Quem me deras fosses como um irmão,
aleitado no seio da minha mãe,
ao te encontrar ao ar livre,
eu poderia te beijar,
sem que as pessoas maldassem.

2.

Eu te levaria,
eu te introduziria
na casa da minha mãe.
Ali, tu me iniciarias.
Eu te daria um vinho perfumado,
um licor de romã.

3.

Seu braço esquerdo
está sob minha cabeça,
seu direito me abraça.

4.

Eu vos conjuro,
filhas de Jerusalém,
não desperteis,
não acordeis o meu amor
antes da hora do seu desejo.

No Egito e na Mesopotâmia, o amor era apresentado como incestuoso, o faraó tinha o dever de desposar sua irmã; em Ugarit, Baal e Anate são constantemente representados como irmão e irmã. Às vezes podemos pensar que a intimidade mais elevada a qual podem aceder dois seres humanos é a intimidade do sangue. A intimidade de uma mãe com seu filho ou filha é ainda mais forte do que a do irmão e da irmã, "nós somos do mesmo sangue", união fatal, ou melhor, fusão que parece não deixar nenhum lugar à eleição de outro e à aliança. E, no entanto, em um determinado momento, é necessário "escolher" seu pai, sua mãe, seus irmãos, suas irmãs para que haja realmente uma relação com eles.

O Cântico dá lugar a essa nostalgia regressiva, a essa imagem do amor simples e natural que poderia ser a dos vínculos de família. A experiência nos mostra que não é tão simples assim e nos interroga sobre o que é natural.

Dever do incesto em algumas culturas, proibição do incesto em outras. Talvez este não seja o lugar para especularmos sobre aquilo que chamamos de lei natural e pensarmos que o convite do Cântico é um convite à transgressão (na Bíblia, o incesto é proibido, até mesmo por boas razões, como as de perpetuar a vida – cf. as filhas de Noé).

Devemos introduzir nas mil e uma nuanças ou cores do amor, a cor do amor fraterno, sentimento de pertencimento a uma mesma origem, a uma mesma nobreza. "Um irmão é um amigo que nos é dado pela natureza", não é um amante; também não é certo que, caso "o encontremos dentro" e "o beijemos" como beijamos um Bem-amado, "as pessoas não vão maldizer"; talvez a única coisa que haja aqui seja o desejo legítimo de compartilhar com o outro suas raízes, sua origem (a casa da minha mãe), seu passado, que nada lhe seja oculto.

Não haverá paz enquanto não estivermos reconciliados com a nossa origem, com os nossos pais, nosso país, nossa cultura, nossa religião etc. Estar em paz com a sua mãe é estar em paz consigo mesmo e, portanto, ser capaz de uma relação apaziguada com o outro. Na busca do Graal, o cavaleiro deve voltar e se reconciliar com uma mãe deixada para trás rápido e cedo demais, antes de poder ser iniciado ao objeto da sua busca.

Aqui, a Bem-amada mostra ao seu Bem-amado quem é a sua mãe, qual é a sua origem, da mesma maneira como ela mostra à sua mãe quem é o seu Bem-amado, "por quem" ela diz deixá-la, como Abraão deixou sua terra, seu pai, sua mãe, tudo que ele conhecia, para ir "com" o outro amado, rumo a si mesmo, para o Desconhecido que nos chama e nos "inicia".

"Ali, tu me iniciarás", em paz consigo mesma, com essa primeira forma de amor "natural", ela pode ser iniciada a uma outra forma de amor. Ali, ela poderá se dar totalmente, "vinho perfumado, licor de romã". Ela passa da "casa da sua mãe" à "casa do vinho", que é o lugar onde se revelam os mistérios e o segredo do amor.

A tradição cristã evocará as palavras de Yeshua, fazendo-nos passar da Terra ao Céu, onde estão nossas verdadeiras raízes. "E a ninguém na terra chameis vosso pai ou vossa mãe, porque um só é o vosso Pai/Mãe, o qual está nos céus. Vós tendes uma única origem: YHWH/Deus, o Ser que é o que Ele é e que faz ser tudo aquilo que é" (Mt 23,9). "Quem é a minha mãe, quem são meus irmãos e minhas irmãs? São aqueles que escutam a Palavra de Deus", relativizando assim os vínculos de sangue para nos iniciar e nos despertar aos vínculos do Espírito.

Junto à nossa família carnal (a casa da minha mãe), nós podemos ter uma família espiritual, livre dos apegos e das dependências constituídas pelos elos de sangue. "O arquétipo da síntese" está então à obra: a direita e a esquerda, a intuição e a razão, a contemplação e a ação, a luz e o amor nos envolvem; mas novamente, não devemos forçar nada, de nada serve querermos fazer o outro entrar na casa da nossa mãe ou na casa do vinho, impor-lhe o nosso passado ou inundá-lo com nosso suco de romã quando ainda não é hora para isso, o "momento favorável" (*kairos*); melhor esperar, tornar-se disponível para este instante de aceitação e de iniciação, de adesão a nós mesmos e de abertura ao outro.

5.

> Quem é esta,
> vindo do deserto,
> inclinada sobre seu amante?
> Sob a macieira,
> eu te acordei,
> ali onde tua mãe te concebeu;
> sob a macieira,
> ali onde ela te deu à luz.

De onde vem o amor? Do desejo, do deserto? Do silêncio, do "eu não sei bem o que, nada, ou quase nada"? O que existia antes do Ser? O Amor que origina o ser? Mas antes do Amor, antes, antes?

Quem é esta que sobe do deserto, que vem de lugar algum? "O vento sopra onde quer, e ouves a sua voz, mas não sabes de onde vem nem para onde vai; assim é todo aquele que é nascido do Espírito" (Jo 3,8). Desse modo, aqueles que nascem do Amor só conhecem essa atração de um pelo outro, este desejo que os faz "subir" do "não ser" ao Ser, do não amor ao Amor; mas eles nada sabem daquilo que vem antes desse desejo ou desse deserto.

No entanto, a maçã e a macieira lhes proporciona alguns conhecimentos (cf. o sexo e a estrela no coração da maçã), mas são apenas evidências: uma mãe nos concebeu, nós fomos paridos, mas nada nos é dito sobre o poder de dar à luz e sobre a graça de estar no mundo de maneira consciente e amorosa.

Onde está o Real cuja realidade somos nós? O Ser, cuja manifestação somos nós? O Amor, cuja encarnação somos nós? Onde está o selo, cuja marca somos nós?

6.
>Coloca-me como um selo
>sobre teu coração!
>Como um selo sobre o teu braço!
>Pois o Amor é forte
>como a morte.

O selo, *hotâm* em hebraico, *sphragis* em grego, é um objeto capital nas antigas civilizações orientais. O rei imprime seu selo sobre os documentos que expressam suas decisões. O selo é, portanto, sinal de poder e autoridade; o selo vale pela sua assinatura. O selo também preserva um documento de uma publicação antecipada (testamento); daí "selar", ou seja, fechar, lacrar, reservar. O selo é, portanto, um símbolo do segredo. Lembremos que a Bem-amada é uma "fonte selada"; ela não revela seu segredo a qualquer sede.

O selo marca igualmente uma pessoa ou um objeto como propriedade indiscutível daquele cuja marca ele carrega, é um símbolo de legítimo pertencimento. É neste sentido que podemos compreender o desejo da Bem-amada: "Guarda em ti minha marca, como eu guardo, em mim, a tua".

"Eu sou a ti, tu és a mim" – neste "a" estão todas as preposições que mencionamos: para, por, com, em). Que esse selo seja impresso sobre teu coração como sobre teu braço; ou seja, que a minha presença te habite no interior e no exterior. Eu quero estar em teus sonhos, em teus pensamentos, em teus sentimentos, mas também em teus atos. Tudo que vivemos e fazemos nós o vivemos e fazemos juntos. Eu vejo melhor com os teus olhos, eu amo mais quando teu coração está presente em meu coração, eu sou mais forte quando a tua força acompanha o meu braço.

Na tradição judaica, os *tefilin*, ou filatérios, usados sobre a testa e em torno dos braços, lembram que a Lei de YHWH/Deus deve dirigir, iluminar e esclarecer nossos pensamentos, assim como nossas ações. Se a Lei está no meu coração e meu coração sobre a mão, meu gesto será justo e realizará um gesto criador.

Na tradição cristã "o Pai marcou o Filho com seu selo para que Ele transmitisse em Seu nome, a Vida verdadeira" (Jo 6,22).

Se, para os rabinos, o selo é também o símbolo da circuncisão, que "assina" na carne nosso pertencimento ao povo que pertence a Deus, o Apóstolo Paulo especifica que a verdadeira circuncisão não acontece somente na carne. Ele falará da circuncisão do coração e do espírito, que "assina" nosso pertencimento ao povo dos justificados (Rm 4,11), e que o Santo Espírito é chamado "selo", pois Ele o é juiz da salvação (2Cor 1,22; Ef 1,13).

Na tradição cristã ulterior, com Irineu, Clemente de Alexandria, Tertuliano e outros Padres da Igreja, o cristão é marcado com o "selo do Cristo" após o batizado e, dali em diante, ele pode viver à sua imagem e semelhança no Espírito Santo. Esse traço ou marca do batismo (*sphragis*) é indelével, quer tenhamos consciência ou não, quer nos revoltemos ou esqueçamos do batizado, nós somos "marcados pelo seu selo", "seu fogo queima oculto sob as cinzas", "o Amor é forte como a morte". Já que o Cântico dos Cânticos, assim como o Livro da Sabedoria e o Qohelet, é atribuído ao Rei Salomão, não é inútil lembrar, relacionado ao nosso texto, um dos sentidos do selo de Salomão (sem evocar aqui o sentido que existe na tradição hermética ou na alquimia).

Sabemos que o selo de Salomão forma uma estrela de seis pontas, composta por dois triângulos equiláteros entrecruzados: ✡.

Alguns reconhecerão no triângulo cuja ponta está voltada para cima, uma pirâmide ascendente (uma escada). É o próprio movimento do eros no ser humano, a terra voltada para o céu, o movimento que vai do inferior ao superior, o amor-desejo, desejo do belo, do verdadeiro, do bem, desejo do Deus desejado por si mesmo ou através do corpo e do rosto do Outro (humano ou cósmico).

No triângulo cuja ponta está voltada para baixo, a pirâmide "descendente", reconheceremos o movimento do *ágape* ou da graça que desce, o dom de Deus, gratuito e generoso, que nos é ofertado gratuitamente ou através do corpo e do rosto do Outro (humano ou cósmico). A conjunção desses dois triângulos ou desses dois movimentos, constituem o símbolo da "síntese"; este é o selo de Salomão, "o selo da Sabedoria" (o verdadeiro amor é ao mesmo tempo humano e divino, eros e *ágape*).

A sabedoria do amor, e seu selo impresso em nós, é a descoberta ou a revelação (*apocalypsis*) de que o humano e o divino não estão separados. Quando pensamos, amamos, agimos, Deus e o homem, o finito e o Infinito, o eterno e o tempo, o visível e o Invisível interagem incessantemente. A Sabedoria do Amor é um modo de ser e de agir "teantrópico".

O selo de Salomão, o selo que os amantes querem imprimir em seu coração e sobre seu braço, é o sinal ou símbolo da Sabedoria do Amor. A conjunção do homem e da mulher no amor é feita à imagem e à semelhança da conjunção de Deus e do ser humano no Amor. O Amor é esta estrela, uma estrela frequentemente sem pontas ou danificada. No lugar da interpenetração harmoniosa do divino e do humano, da natureza e da graça, nós privilegiamos a força ou o esforço humanos e nosso desejo heroico para despertar, querendo nos salvar através do nosso próprio poder, fazendo da graça um chapéu ou a cereja do bolo.

Ou nós nos esquecemos da nossa responsabilidade e do nosso esforço, ou não fizemos a nossa parte (nossa pirâmide ascendente) para acolher a graça e o dom de Deus que incessantemente descem como se fossem esmagar nossa natureza julgada *a priori* como corrompida. Tanto em um caso como no outro, nós passamos ao largo da sinergia Deus/homem, Amor divino/Amor humano, pensando que "apenas o homem basta" ou que "apenas Deus basta".

Não há Deus sem ser humano. Tudo aquilo que sabemos sobre Deus é através de um ser humano que o vive e o diz, e não há ser humano sem Deus; sabemos que o ser humano não se dá a vida, nem a consciência, nem o amor. Não há ser humano sem Origem, sem Ser que o faz ser humano, vivente, consciente, amante. Não há amor sem esforço e sem graça. Para voar, um pássaro precisa das suas duas asas; para viver, um amor precisa também de seus dois L: a lucidez e o louvor. Amar é um dom e a escolha de fazer frutificar este dom.

Quando o selo do Amor imprime-se em nós, sabemos que lhe pertencemos, sabemos também que não pertencemos mais ao "ser-para-a-morte"[97]. "Pois aquele que ama passou da morte para a vida". "Ó morte, onde está a tua vitória?" (1Cor 15,55), dirá o Apóstolo Paulo; antes dele o Cântico entoava:

6.

O Amor é forte como a morte.

Quando nós dizemos: "O Amor é forte como a morte", o que estamos dizendo? O que sabemos da morte e o que sabemos do amor?

A morte, de um ponto de vista abstrato ou técnico, é a parada de um funcionamento biopsíquico; de um ponto de vista mais concreto, é a decomposição e em seguida o desaparecimento de um corpo e de um rosto.

---

97. HEIDEGGER, M. *Ser e tempo*. Op. cit.

Essa parada, essa decomposição e esse desaparecimento, segundo a relação que mantemos com este corpo e este rosto singulares, podem ser vividos de maneira trágica ou indiferente.

A morte não é menos "natural": "tudo que é composto será decomposto"[98], tudo que aparece é convocado a desaparecer, "tudo que tem um começo terá um fim", "a partir do momento em que um homem nasce ele já é velho o suficiente para morrer", nós somos "seres-para-a-morte". Há diversas maneiras – clínicas, filosóficas ou poéticas – para enunciarmos essa evidência: nós e o universo somos mortais. Isso não é nem triste nem escandaloso ou inaceitável; assim é.

Se pensamos saber o que é a morte, será que sabemos o que é a vida? O que nos torna viventes, de uma vida mortal? A vida mortal é a vida, mas não "toda" a vida, é a vida "finita", "limitada", entre aquilo que chamamos de nascimento e morte. Mas a Vida, a Existência estava aqui antes do nosso nascimento e ela continuará após aquilo que chamamos de nossa morte. Seria sensato reduzir a vida e a existência à experiência "mortal" que temos?

Da mesma maneira, com relação à vida e à existência do universo: delas só conhecemos a vida e a existência mortais. Os cientistas reconhecem que o universo começou (*Big Bang*) e, consequentemente, ele chegará ao fim. É isso que chamamos de lei da entropia, mas se nada pode sair do nada, nada pode ir para o nada, não devemos "provar" a existência daquilo que estava antes e daquilo que estará após este universo; só devemos reconhecer a evidência de que, sem este antes ou este além, não há universo possível.

Não se trata de acreditar ou não, trata-se de manter a razão. A morte não é a morte da Vida, é a morte da vida finita, limitada (a nossa e a do universo), é a morte da vida mortal. A Vida infinita permanece, antes, durante, depois. Como sabemos disso? Porque a nossa

---

98. MYRIAM DE MAGDALA. *O Evangelho de Maria*, 7.

vida finita, limitada, temporal, mortal, "abre-se" à Vida infinita, não temporal, não mortal. Essa experiência de uma transcendência no próprio coração da nossa vida mortal atesta que não somos apenas "seres-para-a-morte". Essa afirmação é de ordem ideológica ou da ordem da crença. Nós somos seres vivos que manifestam o tempo da sua vida mortal, uma vida "infinitamente" mais vasta do que aquilo que podemos conter.

Essa abertura a algo maior do que si mesmo ou a algo outro do que si mesmo (transcendente a si) é frequentemente vivida através da experiência do amor (a meditação pode ser também o laboratório onde nosso ser finito exercita-se à escuta e à atenção). É uma abertura ao Ser infinito de onde ele vem e para onde ele vai, e sobretudo no qual ele "habita", pois nada pode estar "fora" do Infinito.

É dessa maneira que "o Amor é forte como a morte", ele afirma nosso ser finito no aberto. Nossa abertura ao outro é o que pode nos fazer sair do inferno, do fechamento em si mesmo. Nós temos a escolha entre o inferno e o aberto; o Amor é a escolha pelo aberto. Nós só temos a escolha entre uma vida perdida e uma vida ofertada. Uma vida ofertada é uma vida transfigurada, "ressuscitada" (literalmente, revivida pelo "anastasis", "elevada") pelo Amor.

A tradição cristã é resumida nesta simples exclamação: "O Cristo ressuscitou!" E isso quer dizer: não é a bestialidade, a violência, a injustiça, a morte que terão a última palavra – O Cristo ressuscitou. "O Amor é forte como a morte", alguns dirão "mais forte do que a morte, mas isso não é negar a realidade relativa da morte. O Amor não nega nenhuma realidade, nenhuma finitude, nenhum limite, mas ele os atravessa, ele os realiza; "nada daquilo que é humano, 'mortal', lhe é estranho"[99]. A traição, o sofrimento, a agonia, a ida ao túmulo, nada lhe é poupado, mas ele não se identifica a nada, ele permanece no

---

99. Terêncio.

aberto, atento a esses dois momentos privilegiados da passagem (páscoa) onde se manifesta a Vida una e infinita: o nascimento e a morte.

A questão que o Cântico desperta em nós não é a mesma de Hamlet: "Ser ou não ser" ("*to be or not to be*"), mas "amar ou não amar" ("*to love or not to love*"). É "o amor ou a morte". Talvez a Sabedoria, inspirada pelo selo de Salomão, responda que devemos manter unidos o amor e a morte, o Ser e o não ser, já que somos feitos de eternidade e de tempo, de luz e de escuridão, de espaço e de matéria.

"O Amor é forte como a morte" – essa pequena frase convida a uma meditação sem fim. Será que somos "seres-para-a-morte" ou seres para o amor?

Seres "definidos" na sua finitude ou seres abertos ao Infinito possível? O Amor faz mais do que dar um sentido à nossa vida mortal; ele lhe oferece uma saída.

6.

O Amor é forte como a morte.
azza khammawet ahava
Seu ardor (seu ciúme) é inflexível
gacha kichéol gina
como o Scheol.
Suas labaredas
rechafeha
são labaredas de fogo,
richpe ech
chama de Yah
chalhévet ya.

A palavra *gina* em hebraico designa toda uma gama de sentimentos poderosos: ardor, ciúme, cólera, paixão; a raiz da palavra caracteriza a vermelhidão que sobe ao rosto de um homem apaixonado. Essa paixão assemelha-se ao fogo que, em grego, será traduzido por *zélos*, cuja raiz significa "ser quente", "entrar em ebulição", "borbulhar", "estar queimando", "todo fogo e chama".

Na experiência fundamental do povo do deserto o fogo não expressa de imediato a "glória", mas a santidade divina, ao mesmo tempo temível e atraente. "O Outro", "o Santo" é aquele que nos esclarece e ilumina, nos aquece e nos consome em seu fogo e calor; ele nos queima, sua proximidade jamais nos deixa indenes, ela nos "altera", ela nos transforma. "*Yah* é um fogo que devora"; o amor, como YHWH/Deus no Cântico, é comparado a um fogo, e ele possui todas as suas ambivalências. O fogo do amor é também o fogo do inferno (chamado aqui de *Scheol*), seu ardor pode nos consumir quando ele for amor-ciúme, vontade de apropriação e posse do outro; mas o ciúme ou o ardor (*ginah zélos*) sobre os quais falamos não é esse ciúme psicológico que é realmente infernal e destrutivo, que destrói o eu, o outro e a relação.

Trata-se de um ardor e de um "ciúme" que queimam sem querer consumir ou consumar; ardor e ciúme de um amor que quer o melhor para o outro, que não suporta suas idolatrias ou dispersões que o afastam do seu ser e da sua chama essencial. O fogo do amor transforma tudo aquilo que não é fogo no homem, o fogo não queima o fogo, mas tudo aquilo que se opõe e lhe é contrário. O zelo do amor é para que haja apenas amor em tudo e em todos, e enquanto o amor não for amado, ele "queimará" de múltiplas formas.

Se "o Amor é forte como a morte", ele é também forte como o inferno, que é a recusa do amor. Ele é inflexível, exigente, impaciente (apaixonado) em face de tudo aquilo que se opõe à justiça e ao Bem.

Segundo uma frase que Yeshua tomou emprestada de Orígenes, nos é dito que "quem está perto de mim, está perto do fogo", dando sequência a estas palavras do Evangelho de Lucas: "Vim lançar fogo na terra; e que mais quero, se já está aceso?" (Lc 12,49).

Se Yohanan o batista[100] mergulha na água e purifica pela água, Yeshua é por ele anunciado como sendo aquele que batiza, que mergulha no fogo e que purifica pelo fogo.

A água nos decompõe, o fogo nos revela; ele nos desvencilha das nossas escórias para que nós possamos dar o ouro (a luz em hebraico) que a nossa matéria carrega dentro de si. O amor que está em nós é fogo do inferno e fogo do paraíso; os dois fogos são o mesmo fogo. Ele queima aqueles que o reprimem ou que a ele se opõem; ele ilumina e aquece aqueles que o acolhem e lhe dão sua vida.

O amor como o fogo queima qualquer madeira, seja madeira verde ou seca; o importante é que haja brasa, o importante é confiar. Seu "zelo", seu "ardor", seu ciúme é chegar ao limite das nossas resistências.

"Chama de *Yah*" – esta é a única passagem do Cântico onde o Nome "daquele que é o Ser que Ele É e que faz ser tudo aquilo que é", aparece. *Yah*, que tem apenas duas consoantes do Nome impronunciável de Deus: o *Yod* (י) e o *He* (ה). Os cabalistas nos lembram que a letra י (*Yod*) é uma letra masculina, um gérmen que fecunda, a letra ה (He) é uma letra feminina, uma porta que se abre, uma abertura que acolhe o gérmen.

Assim, o homem e a mulher, quando eles se amam, são uma "sarça ardente que queima sem se consumir", ou seja, o lugar da revelação do Ser *Eyeh Asher eyeh*; através do seu amor, do seu "borbulhar", da sua "fervura", eles participam da chama, do fogo que é *Yah*.

Dando prosseguimento a essa interpretação, o Evangelho de Felipe[101] lembrará o mistério da câmara nupcial. Na união dos amantes, a Energia criadora, o Deus vivo, está realmente presente: "A câmara nupcial é o Santo dos Santos, a confiança e a consciência no enlace

---

100. São João Batista. "Yohanan" é a forma hebraica de "João" [N.T.].
101. Cf. LELOUP, J.-Y. *O Evangelho de Felipe*. Ed. Vozes.

são elevados acima de tudo; aqueles que realmente oram em Jerusalém, tu os encontrarás apenas no Santo dos Santos, a câmara nupcial" (*Evangelho de Felipe*, logion 76, 1-18). Aqueles que não honram o enlace consciente e confiante como sendo um "fogo sagrado" e, poderíamos acrescentar, "ardente", do homem e da mulher, correm o risco de fazer desse fogo um fogo infernal, que reduz seus corpos, de "templos do Espírito", "Santo dos Santos", a "máquinas do desejo" que se esgotam e se decompõem, "larvas" no meio do seu muco espumoso.

Nossos amores estão por vezes muito longe da câmara alta, eles ainda estão à espera da chama do Pentecostes, da presença do Espírito, "chama de *Yah*". Mas onde encontrar essa chama nesta época fria, neste "fluido glacial" que é o nosso tempo?

O Cântico nos diz que não se pode comprá-la, e ela também não é "encontrada", pois o Amor não é um "objeto encontrado" que exigiria nossa carência ou nossa busca. O Amor se dá gratuitamente àqueles que o querem sem querê-lo, que o buscam sem buscá-lo, que o acolhem sem jamais pretender capturá-lo.

7.

> As águas múltiplas
> não poderão apagar o Amor,
> os rios
> jamais o submergirão!
> Quem oferecesse todas as riquezas
> da sua casa
> para comprar o Amor,
> com desprezo
> ele seria desprezado.

Podemos comprar alguns prazeres, algumas sacudidelas agradáveis e ardentes aflições, mas o Amor não tem preço, ele não está à venda, ele escapa ao espírito de consumo. Oferecer todas as riquezas da sua casa não é pouca coisa, mas há descontinuidade, transcendência, entre aquilo que podemos adquirir por nossos próprios esforços ou nossos bens e aquilo que o Amor nos dá.

A graça não é algo que podemos merecer, jamais "merecemos" ser amados; amar e ser amado é sempre uma graça, um dom inesperado. Como o finito poderia adquirir ou conter o Infinito? Quando ouvimos falar desse fogo que as águas múltiplas jamais poderão apagar, poderíamos acreditar já estar ouvindo o hino de Paulo ao amor:

> Ainda que eu fale as línguas dos homens e dos anjos, se não tiver amor, serei como o sino que ressoa ou como o prato que retine.
>
> Ainda que eu tenha o dom de profecia e saiba todos os mistérios e todo o conhecimento, e tenha uma fé capaz de mover montanhas, se não tiver amor, nada serei.
>
> Ainda que eu dê aos pobres tudo o que possuo e entregue o meu corpo para ser queimado[a], se não tiver amor, nada disso me valerá.
>
> O amor é paciente, o amor é bondoso. Não inveja, não se vangloria, não se orgulha.
>
> Não maltrata, não procura seus interesses, não se ira facilmente, não guarda rancor.
>
> O amor não se alegra com a injustiça, mas se alegra com a verdade.
>
> Tudo sofre, tudo crê, tudo espera, tudo suporta.
>
> O amor nunca perece; mas as profecias desaparecerão, as línguas cessarão, o conhecimento passará.
>
> Pois em parte conhecemos e em parte profetizamos; quando, porém, vier o que é perfeito, o que é imperfeito desaparecerá.
>
> Quando eu era menino, falava como menino, pensava como menino e raciocinava como menino. Quando me tornei homem, deixei para trás as coisas de menino.
>
> Agora, pois, vemos apenas um reflexo obscuro, como em um espelho; mas, então, veremos face a face. Agora conheço em parte; então, conhecerei plenamente, da mesma forma como sou plenamente conhecido.

Assim, permanecem agora estas três coisas: a fé, a esperança e o amor. O maior deles, porém, é o amor[102].

"Quando passares pelas águas estarei contigo, e quando pelos rios, eles não te submergirão; quando passares pelo fogo, não te queimarás, nem a chama arderá em ti" (Is 43,2). O que dizer depois disso? Nada; sem dúvida, é melhor agir, colocar em prática no quotidiano esse belo amor que nos faz cantar e que nos quer eternos: cuidar da sua irmãzinha...

8.

Nós temos uma irmã.
Ela é pequena
e não tem seios.
O que faremos pela nossa irmã
no dia em que dela falarão?

9.

Se ela for uma muralha,
ali edificaremos ameias de prata.
Se ela for uma porta,
nós a cercaremos
com tábuas de cedro.

Alguns se perguntam o que essa "irmãzinha" veio fazer no final do Cântico dos Cânticos e se não é um acréscimo sem ligação com o texto precedente.

Em uma relação entre dois amantes há essa etapa importante que chamamos de "acontecimento" do terceiro; o terceiro tem como função "tornar visível" a relação invisível que une os dois. É o sinal ou a

---

102. 1Cor 13,1-13 [TEB].

marca de que os dois, quando fazem apenas um, invocam um terceiro à existência. O amor os faz "passar" do dois ao um, da dualidade à unidade, e deste um nasce o três; desta unidade que é dualidade assumida e suplantada, nasce o terceiro.

Dualidade, unidade e trindade são os três passos do caminho inaugurado pelo amor. O terceiro invisível que se tornou visível na relação geralmente é a criança que atesta que os dois amantes foram um, mas também pode ser uma obra comum a ser colocada no mundo e, em seguida, acompanhada e realizada; pode ser uma "irmãzinha" pela qual os amantes sentem-se responsáveis e é preciso ajudar para que ela "cresça". De fato, "ela não tem seios", ela é o fruto de um dom recíproco, mas ela ainda não é capaz de dar fruto; o mel e o leite ainda não correm dos seus seios e da sua boca, seu ventre ainda não estremeceu, a mirra e o aloés ainda não enfeitam seus cabelos, a rosa e o lírio ainda não floresceram em seu jardim.

Os amantes, junto a essa irmãzinha, este terceiro encarnado no centro da sua união, descobrem uma nova forma de amor; sem dúvida, mais austera, menos flamejante ou com uma chama mais interiorizada: a responsabilidade ética. Amar-se um ao outro é cuidar de todos os outros que juntos nós vamos encontrar.

É aqui que o amor não se deixa deter pelo gozo e torna-se fecundidade. Não é a nossa fecundidade, mas a da Vida que se dá em nós e através de nós e que consiste em confirmar e consolidar esse dom que se encarnou entre nós.

"Se ela for uma muralha, ali edificaremos ameias de prata." Trata-se de embelezarmos, de "pratearmos", de celebrarmos aquilo que nos é dado.

"Se ela for uma porta, nós a cercaremos com tábuas de cedro." Consolidar, consolar aquilo que recebemos, carne saída da nossa carne, mas que não é mais nossa carne e que nós podemos ajudar a ter sua vida própria, podemos ajudar a nos deixar. O amor chega à sua maturidade e é preciso amadurecer todos os projetos oriundos dele.

A Bem-amada, "aquela que tem seios" está, de agora em diante, em paz. Sob o olhar do seu Bem-amado, ela não tem mais que seduzi-lo, ela está em segurança; ela pode, portanto, "junto com ele", cuidar da irmãzinha, ser sua muralha, sua torre de guarda; ela pode também interessar-se novamente pelo mundo e seus comércios. Uma paixão tranquila ilumina seu quotidiano, seu fogo não queima menos intensamente, mas ele se espalha sobre diferentes tarefas que lhe são confiadas.

10.

Eu sou uma muralha
e meus seios são as suas torres.
Assim, aos seus olhos,
eu permaneço na paz.

11.

Salomão tinha uma vinha
em Baal-Hamom.
Aos guardiões, ele confiou a vinha,
cada um lhe trouxe
mil peças de prata
para o seu fruto.

12.

Minha vinha está diante de mim.
As mil peças de prata
são para ti, ó Salomão.
E eis aqui duzentas peças de prata
para os guardiões
da vinha.

O Amor não é apenas uma ascensão que conduz a um êxtase do qual não voltamos mais; ele é também uma descida ao mundo, ao mundo da economia e dos cálculos, onde é preciso dar a cada um aquilo que lhe é devido, tanto ao rei como aos "guardiões da sua vinha".

O amor chama-se agora justiça; um amor que não seria "no fim" ou no início "justiça" corre o risco de ser uma ilusão, uma comichão das nossas epidermes ou uma exaltação cardíaca. A exigência da justiça, a ética, a responsabilidade pelo outro relativizam nossas taquicardias sentimentais e nossas pretensões emocionais; às vezes há muito pouco amor naquilo que chamamos de Amor.

A esse respeito, seria talvez necessário completar uma página célebre e magnífica de Gregório de Nissa que, retomando as primeiras etapas do Cântico, descreve o amor como uma ascensão, uma elevação sem fim.

> Nas etapas anteriores da sua ascensão, a alma sempre se transformou para o melhor, em proporção a suas aquisições sucessivas, e jamais permaneceu no estado de perfeição que ela acabara de atingir. Ela foi tanto comparada a uma égua que jogou por terra o tirano do Egito, quanto assimilada a colares ou rolinhas que servem de enfeite em volta do pescoço. Em seguida, não contente com isso, ela avança e chega ainda mais alto: em seu próprio nardo, ela reconhece o bom odor divino. Mas ela ainda não para aqui; novamente ela atrai para si, como um aroma perfumado, aquilo que ela deseja, ela o carrega entre seus seios espirituais de onde jorram em abundância os ensinamentos divinos; ela o mantém fechado no espaço do coração; depois disso ela produz como fruta seu próprio vinhedo, que ela chama de vinha e cuja flor espalha um perfume agradável e delicioso. Após ter assim progredido por esses caminhos espirituais, ela é chamada de bela e de Bem-amada, e a beleza de seus olhos é comparada à das pombas. Em seguida, ela avança novamente e vai ainda mais alto: seu olhar mais penetrante percebe a graça do Verbo e

admira como ele desce, coberto pela sombra, sobre o leito desta vida; de fato, ele se cobre com a sombra da natureza material do corpo humano. Depois disso, ela descreve a casa da virtude, cujo telhado é feito de madeira de cedro e de cipreste que não podem nem mofar nem apodrecer; é com essas palavras que ela expressa o caráter estável e imutável do seu desejo pelo bem. Em seguida, ela explica através de uma comparação, seu progresso rumo à perfeição: ela se assemelha ao lírio entre os cardos. Ela descobre novamente a diferença que separa seu Esposo dos outros: ela o chama de macieira entre as árvores infecundas da floresta, enfeitado com as cores do outono; tendo penetrado sob sua sombra, ela é introduzida na casa do vinho; ela é fortificada pelos perfumes e sustentada pelos frutos da macieira. Ao receber no coração, por sua vez, a flecha eleita, ela torna-se, através desta doce chaga, uma flecha entre as mãos do arqueiro cuja mão esquerda sustenta sua cabeça voltada para o divino objetivo e cuja mão direita puxa a flecha para si. Depois disso, dali em diante tendo alcançado a perfeição, ela torna-se pelas suas palavras um guia para aquelas que aspiram às mesmas coisas e ela desperta, através da sua adjuração, seu zelo pelo Amor. Quem ousaria dizer que essa alma, tendo chegado a tal altura, não atingiu o limite extremo da perfeição? No entanto, o limite daquilo que ela já concretizou torna-se o início da sua introdução às realidades superiores. De fato, são essas realidades que recebem em bloco o nome de som da voz, enquanto chamam a alma que a escuta na contemplação dos mistérios. E a alma começa, então, a contemplar aquele que ela deseja sob a nova forma na qual ele se apresenta aos seus olhos. Ele é realmente assimilado a um cervo e comparado a um gamo, e sua manifestação não consiste em uma única aparição, nem limita-se a um único lugar, mas ele salta sobre as montanhas e pula sobre as cristas no topo das colinas. Em seguida, mais uma vez a Esposa se ergue rumo a uma etapa mais elevada, quando uma segunda voz chega até ela, impelindo-a a abandonar a sombra do muro, a sair ao ar livre, a repousar nas fendas do rochedo próximo à muralha e abandonar-se ao prazer da primavera colhendo as flores da estação, que floresceram e estão prontas para serem colhidas e saboreando todos os prazeres que essa estação oferece às pessoas delicadas através do canto dos pássaros canoros.

Tendo assim progredido rumo à perfeição, a Esposa pede para ter uma clara visão daquele que lhe fala e para receber dele suas palavras sem intermediários. E é normal que, depois disso, a alma seja declarada bem-aventurada devido à sua elevada ascensão, já que ela chegou à realização dos seus desejos. De fato, será que poderíamos beatificar algo maior do que a visão de Deus? No entanto, isso também não passa do fim daquilo que já foi realizado e torna-se o início da esperança de alcançar bens superiores. Novamente, ela escuta a voz que dá ordem aos caçadores para que estes cacem, pela salvação das vinhas espirituais, os animais selvagens que devastam as frutas, as raposinhas sobre as quais já falamos. Uma vez isso tendo sido realizado, os dois emigram um no outro: Deus desce na alma e a alma, por sua vez, é transportada para Deus. Ela diz: "Meu Bem-amado é para mim, e eu para ele, é ele quem pastoreia seu rebanho entre os lírios e faz a natureza humana passar do reino das sombras e das aparências ao reino da verdade e do ser". Veja a que altura elevou-se aquela que, segundo a palavra do Profeta, avançou de poder em poder (Sl 83,8) e parece ter alcançado o cume das suas esperanças! De fato, o que existe de mais elevado do que permanecer naquele que desejamos e de recebê-lo em si?[103]

O que existe de mais elevado do que esta intimidade compartilhada no segredo dos corpos e dos corações? Mas é chegado o momento em que é preciso sair da câmara nupcial. O próprio amor o exige, assim como o acontecimento deste terceiro entre nós que bate à

---

103. GREGÓRIO DE NISSA. *La colombe et la ténèbre*. Op. cit., p. 74-77.

porta, desta vez não para entrar, mas para sair. O amor, portanto, não é apenas uma ascensão, ele é um "retorno para a terra", uma descida ao quotidiano que nem sempre é um inferno, mas uma provação que apura, pelo fogo da sua trivialidade, o fogo do nosso "grande amor".

As palavras de Gregório de Nissa continuam sendo verdadeiras, seja na horizontal ou na vertical. Faça do teu ponto de chegada um ponto de partida, vá "de começo em começo pelos começos que nunca têm fim".

Jamais amamos "bem", jamais amamos o suficiente; sempre resta uma flor, um pobre, um esquecido, um Deus talvez, mais esquecido do que todos os outros esquecidos, ele continua sendo um presente ou um ausente a ser amado.

A *Shulamit* e o *Shalomon*, o homem e a mulher pacificados, não podem estar totalmente em paz enquanto um único ser sofrer, enquanto tudo e todos não estiverem em paz. Eles descobrem isso em sua carne; tendo sido aberta pelo amor e tendo se tornado corpo social e corpo cósmico, eles vivenciam o próximo e a terra como "si mesmo".

A Terra que é convocada a tornar-se jardim, o "caos" (*tohu va bohu*) que é convocado a tornar-se éden, "cosmos" (harmonia), pelo *Logos*, a informação criadora que deseja a sua beleza.

13.
>Tu, que habitas
>os jardins...
>os amigos aguardam o som da tua voz.
>Deixa-me ouvi-la!

Não é apenas o "arrulhar da rolinha", mas o som do grande rio da Vida que nos leva, o som do *Logos*, da Consciência que nos informa.

14.

Foge, meu Bem-amado,
sê semelhante aos gamos,
aos jovens cervos
sobre as montanhas perfumadas!

Fuge, esta é a última palavra do Cântico dos Cânticos – *berah dodi* – e novamente aparece a orientação "para ti mesmo", que é indicada pelas palavras *oudemé lekha*. "Foge", *fuge* – É esta a última palavra do Amor? A última metamorfose sobre este caminho do desejo, que é o Cântico dos Cânticos?

A primeira etapa foi esse desejo de uma unidade mais ou menos fusional, tão parecido a essa unidade da criança com sua mãe, mas existe na Bem-amada (em todo ser) um desejo de uma união "mais elevada do que o vinho", uma unidade não fusional, não regressiva, que assume a dualidade para suplantá-la em uma aliança onde os dois são um e onde os dois são dois.

A união não apaga o que o outro possui de singular e de universal; a unidade da natureza humana é vivida na diversidade dos seus rostos. Assim, existe em nós o desejo pelo outro que não é apenas desejo de ser amado pelo outro, mas desejo do outro por ele mesmo e que é capaz de lhe dizer não apenas "Vem para mim", mas "Vai, vai para ti", por ti. Este tempo do desejo é o tempo do respeito e da paciência: "Não desperteis, não acordeis meu amor antes que seja hora…" Eu respeito o outro, em seu segredo, em sua fonte selada. Ele não me pertence e vice-versa. Amar alguém é renunciar a possuí-lo. O amor é o encontro de duas liberdades, de duas humanidades que se inclinam uma diante da outra; aprendemos isso através da provação da falta, da saudade e da separação. Separações contra as quais nada podemos fazer, que são a afirmação dos nossos ritmos e das nossas diferenças, mas também separações que são responsabilidade nossa devido à nossa falta de atenção e de disponibilidade e devido a esses ínfimos cuidados narcísicos (não ter camisa, sujar os pés) que nos impedem de estarmos prontos para abrir quando o Amor passar e bater à nossa porta.

Seja o amor de um Deus, ou o amor de um homem, é necessário toda uma vida para aprendermos a amar. O Cântico dos Cânticos não nos propõe teorias ou definições do amor, mas uma aventura, a aventura de toda vida humana com seus encontros que nos conduzem a experimentar todas as cores, todas as variedades do Ser/Amor, do êxtase ao desespero, da paixão ao desapego, com todos os perfumes, todas as flores, todas as colinas, a fenda dos rochedos, os desvios escarpados, margeados de lírios e de espinhos, todas essas paisagens que se parecem com uma terra escolhida ou ofertada, metáforas ardentes dos corpos reunidos do Bem-amado e da Bem-amada.

Se o amor é um fogo que transforma tudo aquilo que ele toca, se os amantes são a sarça ardente onde, na sua relação, revela-se a Presença de *Yah*, "YHWH/o Ser que é o que ele é, o Ser que ama em tudo e em todos", ele não pode esquecer seus filhos ou suas irmãzinhas; o amor se metamorfoseia, então, em responsabilidade ética e cuidado do outro. Trata-se de cuidar da sua beleza e da sua maturidade, que é "justiça".

Agora que esse caminho de amor compartilhado foi realizado, resta ainda um passo a mais a ser dado: "afrouxar seu abraço, dar ao outro a sua liberdade". Mas, dirão, jamais tiramos do outro a sua liberdade, já que nós estamos juntos para nos coroarmos um ao outro, cada um é o guardião da liberdade do outro. Talvez seja necessário não somente amar o outro por ele mesmo, mas amá-lo pelos outros que ele poderá cuidar como cuidou de nós.

Este poderia ser o sentido deste derradeiro "Vai", este amor que tu me destes deves dá-lo também aos outros; eles dele necessitam, eles aguardam tua palavra e tua presença. Não te preocupes comigo, "Vai aonde o Amor te levar, eu estou contigo".

Esta era a oração de Teresa de Lisieux, no final da sua vida: "Os dons que Tu me destes e que Tu ainda me destinas, dá aos outros, àqueles que deles sentem falta, àqueles que sofrem", dizia ela a Cristo. "Eu renuncio à graça da tua presença para que esta graça e esta presença sejam dadas a todos": ela foi duramente atendida, vivendo seus últimos dias na noite mais escura, no puro abandono e na fé nua. As últimas palavras do Cântico nos convidam a esta qualidade de amor – *fuge* – "desvia de mim teus olhares, vira-os para aqueles que aguardam a tua luz".

A tradição judaica nos lembra que as gazelas "fogem" virando a cabeça para aquilo que estão fugindo. Da mesma maneira, podemos sempre ser observados pelo ser que nos ama; não podemos ser sem sermos amados, "não existe eu sem tu".

"Israel diz a Deus: Mestre do universo, se algum dia formos a causa pela qual Tu te afastares de nós, retira-te como o cervo e o gamo da corça que, fugindo, voltam a cabeça em direção ao local que eles acabaram de deixar"[104].

O Targum coloca este último versículo na boca de Israel que, em seus exílios, diz a YHWH/Deus: "Foge, meu Bem-amado, rei do universo, para longe desta terra contaminada e habita no mais elevado dos céus. Mas em nossas provações, escuta nossa oração, sê como a gazela que dorme com um olho aberto, guarda-nos até chegar o tempo da graça onde Tu nos conduzirás a Yerushalaim e onde os sacerdotes te oferecerão novamente incenso e teu templo será reconstruído".

No Evangelho não temos a impressão de que o amor se volta para trás: "Vos convém que eu vá" (Jo 16,7), diz Yeshua a seus discípulos. Se eu não for, vós não recebereis o Espírito Santo, o Espírito do despertar (*aletheia*) que vos conduzirá à verdade total e inteira (*aletheia*).

O Espírito não é mais a presença do Amor "do lado de fora", sob a forma do Mestre bem-amado que conhecemos, o Espírito é agora a presença do Amor encarnado como Mestre interior. "Não me busques mais fora, busca-me de agora em diante dentro de ti",

---

104. Zohar II, 14a. Op. cit., VIII, 14, p. 230.

diz Yeshua à Myriam de Magdala, na manhã da Ressurreição (liturgia de Páscoa).

A tradição cristã, particularmente entre os Padres do Deserto, retomará com frequência estas últimas palavras do Cântico, colocando-as até mesmo na boca de Cristo, em resposta à pergunta do Monge Arsênio: "O que devemos fazer para sermos salvos?"

"A salvação", para os antigos, é "ter o coração ao largo", "respirar amplamente", "ser livre", "estar em plena saúde, física, psíquica e espiritual" – existem diversas traduções possíveis para a palavra grega *soteria*. Arsênio dirige-se a Yeshua como a seu Salvador, aquele que pode lhe dar a chave dos campos, o acesso à paz sem lassidão. Cristo lhe responde utilizando três palavras curtas, três *mitsvot*, exercícios ou mandamentos a serem colocados em prática, para recuperar a saúde do espírito, da alma e do corpo e voltar a ser à imagem e à semelhança de Deus, paraíso perdido, reino por vir: "*Fuge, Tace, Quiesce* (foge, cala-te, conhece o repouso)"[105].

Este é o caminho rumo à *shalom* (*hesychia* em grego). A paz que está no coração de Salomão e da Sulamita começa pela fuga, *fuge*: *Berah dodi oudemé lekha*. "Foge, esteja contigo mesma".

> Arsênio, como os Padres do deserto, tomou estas palavras ao pé da letra: é preciso fugir, deixar a cidade, sair do mundo e da vida mundana. Fugir, pois sufocamos. Em certas situações, não há outra saída além da fuga; não é covardia, é um acréscimo de saúde. A fuga é a força das corças. Quando sentimos que o nosso meio ambiente está ameaçador demais, capaz de sufocar ou de perverter aquilo que temos de melhor, o melhor é fugir. Em um primeiro sentido, fugir é, antes de tudo, mudar de lugar, de meio, de modo de vida[106].

---

105. LELOUP, J.-Y. *Escritos sobre o hesicasmo* – Uma tradição contemplativa esquecida. Ed. Vozes, 2003.
106. Ibid.

O mais importante, ao fugirmos do mundo que carregamos em nós, é fugir do apego, da dependência. O apego ao deserto se faz mais sutil; talvez não sejamos apegados às posses terrestres mas podemos ser apegados a ideias, a práticas, até mesmo a práticas espirituais... Enquanto não tivermos deixado nós mesmos, tudo é pretexto para o apego. É por essa razão que na tradição hesicasta insistiremos sobre a obediência a um pai espiritual como sendo uma maneira segura para a libertação; quando tiramos de Narciso sua vontade própria e o comprazimento em seu próprio reflexo, ele se encontrará no deserto de Deus. Caso contrário, mesmo quando ele orar, estará diante do seu espelho.

Assim como Arsênio, cada um de nós conhece aquilo do qual ele tem que fugir para manter-se livre. As correntes mais visíveis nem sempre são as mais tenazes. Qual é este fio invisível que no próprio desenrolar ainda nos faz dizer "eu"?

A oposição corrente entre a adesão ao mundo e a saída do mundo é sem dúvida espacial demais, é preciso ressituá-la em sua dimensão vertical: "apego ou não apego". Alguns, no próprio coração do mundo, vivem de maneira mais desapegada – prontos a entregar o seu sopro à Fonte do Sopro – do que alguns que "renunciaram ao mundo" e que mantêm apegos afetivos ou mesmo religiosos.

O Cristo se apagará para não se tornar um ídolo, alguém que pudéssemos buscar no exterior, pois Ele quer ser um princípio de Vida no interior de nós mesmos. Fugir das representações exteriores do Cristo para encontrá-lo na Fonte de si mesmo. Mestre Eckhart dirá mais tarde: "É pelo próprio amor a Deus que devemos deixar Deus". Às vezes, na nossa vida espiritual podemos dizer que Deus ou Cristo nos "fogem", que eles se retiram. Ora, Eles permanecem – "o mesmo ontem, hoje e sempre". O que desaparece são as falsas imagens que possuímos, os ídolos secretados pela nossa necessidade inalterável de objetos gratificantes. Nossas crenças se desagregam, vem então a fé, a adesão pura no âmago das nossas carências ao Desconhecido que nos conduz. "Deus criou o mundo retirando-se dele" (Padre da Igreja). Ele recriou o homem fugindo incessantemente dele, mantendo-o assim "em marcha" no mais vivo do seu desejo.

A Bem-amada, ao pedir a seu amante para que ele fuja rumo às montanhas do bálsamo, está pedindo-lhe para ir além desse amor que os saciou; não apenas em um serviço, uma inteligência e uma bondade que são oferecidos a todos, mas ir em direção à descoberta de um "Todo Outro Amor", de uma "Toda Outra Consciência" e de uma "Toda Outra Paz"; rumo a uma "ação contemplativa" ou uma "medit-ação", que seria mais eficiente para a salvação da Terra e dos humanos do que qualquer ação ou oração. Um Amor que está ao mesmo tempo no coração e além do campo ordinário onde são vividas nossas existências que, na linguagem bíblica, chamamos de *Hahava shalom*.

Aliás, estas são as últimas palavras dirigidas a Arsênio, as palavras mais sagradas para os contemplativos do Oriente e do Ocidente: "A paz que ultrapassa todo entendimento".

Os monges latinos, particularmente os cartuxos, falam da *quies* como sendo o objetivo da vida cristã, tradução daquilo que os monges gregos chamam de *hesychia* e os hebreus de *shalom*, a paz de Deus (*hahawa, shalom*). "Encontra a paz interior – dizia São Serafim de Sarov –, e uma multidão será salva ao teu lado", como se a salvação de todos dependesse do nosso estado de paz interna. Se acreditarmos nas leis físicas da interconexão de todas as coisas – "impossível arrancar um folha de grama sem perturbar uma estrela" –, podemos muito bem acreditar que um ser de paz comunica sua calma e sua serenidade ao mundo inteiro. Jamais meditamos apenas para nós mesmos. Aliás, o Livro da Sabedoria nos diz que "Deus busca entre os homens um lugar para o seu repouso"; o homem em paz é morada de Deus. Compreendemos, assim, a importância da *hesychia* entre os antigos. Sem ela Deus não pode permanecer e habitar entre os homens; a fuga para longe da agitação, o silêncio dos lábios e do coração não tinham outro objetivo senão o de conduzir ao repouso.

Esse é o sentido do *Shabat*, o repouso do sétimo dia. O homem recebeu uma outra missão além de fazer, produzir e acumular bens, saberes e poderes; ele recebeu como missão estar cada vez mais próximo daquele que é o próprio Ser até chegar a um ponto onde o homem é apenas um com Ele. O homem trabalha para poder repousar. Todos os labores do deserto não teriam sentido algum se eles não fossem imantados por esse sentido sagrado da *hesychia*.

Respeitar o *Shabat* é um mandamento, é ali que o homem, além de sua classe, de suas máscaras, de suas funções, reencontra sua identidade de filho de Deus. O mais ignorado e o mais importante dos direitos do homem é o direito à contemplação. Mas contemplar, deixar ser aquele que é, permanecer em paz – isso não se apresenta tão simples, é o fruto e o sinal de uma personalidade em harmonia consigo mesma –, quaisquer que sejam as dificuldades do seu quotidiano – sobretudo em harmonia com Deus, reconhecido como o princípio de tudo aquilo que lhe acontece.

O grande inimigo do repouso é a preocupação. Jesus já pedia a seus discípulos para não se preocuparem, e dava-lhes como modelos os pássaros e os lírios do campo:

> Por isso vos digo: Não andeis cuidadosos quanto à vossa vida, pelo que haveis de comer ou pelo que haveis de beber; nem quanto ao vosso corpo, pelo que haveis de vestir. Não é a vida mais do que o mantimento, e o corpo mais do que o vestuário? Olhai para as aves do céu, que nem semeiam, nem segam, nem ajuntam em celeiros; e vosso Pai celestial as alimenta. Não tendes vós muito mais valor do que elas? E qual de vós poderá, com todos os seus cuidados, acrescentar um côvado à sua estatura? E, quanto ao vestuário, por que andais solícitos? Olhai para os lírios do campo, como eles crescem; não trabalham nem fiam; e eu vos digo que nem mesmo Salomão, em toda a sua glória, se vestiu como qualquer deles. Pois, se Deus assim veste a erva do campo, que hoje existe e amanhã é lançada no forno, não vos vestirá muito mais a vós, homens

de pouca fé? Não andeis, pois, inquietos, dizendo: Que comeremos, ou que beberemos, ou com que nos vestiremos? Porque todas estas coisas os gentios procuram. Decerto vosso Pai celestial bem sabe que necessitais de todas estas coisas; mas, buscai primeiro o Reino de Deus, e a sua justiça, e todas estas coisas vos serão acrescentadas. Não vos inquieteis, pois, pelo dia de amanhã, porque o dia de amanhã cuidará de si mesmo. Basta a cada dia o seu mal" (Mt 6,25-34).

Essas palavras foram ouvidas não longe do Lago de Tiberíades ou Mar da Galileia, sobre o Monte das Beatitudes, que evocam as montanhas do bálsamo do Cântico dos Cânticos.

"Deixo-vos a paz, a minha paz vos dou; não vo-la dou como o mundo a dá. Não se turbe o vosso coração nem se atemorize" (Jo 14,27). O mundo nos dá tranquilizantes, euforizantes, mas a paz aqui mencionada é uma paz ontológica, ela não é de ordem psíquica e não se chega a ela através de técnicas de acesso a uma certa tranquilidade (assim como a droga, as técnicas podem criar dependências). É uma paz que se situa no nível espiritual ou "pneumático". É a paz de Deus, seu Sopro, sua Presença em nós.

Nossa paz é um Outro. É neste sentido que podemos dizer que ela não depende de nós e que ela pode subsistir mesmo quando o eu psíquico suporta as piores tormentas; este Outro, nada nem ninguém pode nos tirar, ele não pertence a este espaço-tempo. "Transbordo de alegria – dizia São Paulo – no meio das minhas tribulações" (2Cor 7,4). Alegria incompreensível para aquele que não despertou para esta Presença que permanece ao mesmo tempo "mais eu do que eu mesmo e toda outra que eu mesmo".

Tendo alcançado este repouso; poderíamos dizer sobre Arsênio: "Ele está separado de tudo e unido a tudo; impassível e de uma sensibilidade soberana; deificado e, no entanto, ele se vê como dejeto do mundo; acima de tudo, ele está feliz, divinamente feliz..." (Evágrio Pôntico).

É essa felicidade incompreensível e transcendente que a Bem-amada deseja ao seu Bem-amado? Ela se apaga diante de algo "maior do que ela", diante de uma beatitude e uma paz eficaz para a salvação do mundo que o seu amor humano não pode lhe dar. Vai em direção àquilo que em ti, como em mim, é maior, mais inteligente, mais amoroso...

Pressentimos essa realidade durante nossas relações amorosas, pois há em nós um desejo infinito que apenas o Infinito pode responder. É ele a nossa paz, a leve brisa que fará dançar nossas chamas sobre as montanhas mágicas da confiança e da humildade. Pois nós não nascemos para morrer, mas para conhecer o amor e o repouso: *Hahava Shalom*[107].

---

107. A última palavra do Cântico não é "fim", mas "foge", e existe aí mais do que um sentido, uma saída. A palavra *berah* (foge) evoca *bereshit* (no início). Se a última palavra do Cântico é como a primeira palavra da Gênesis, é, sem dúvida, para nos lembrar que todo fim é um novo começo e, segundo as palavras já citadas de Gregório de Nissa: "Nós vamos de começo em começo rumo a começos que não têm fim". Tal é o amor e a paz (*hahava Shalom*) revelados pelo *Shir Hashirim*.

Glossário

Adamah – A palavra é originária do nome "Adão" e é encontrada em 211 versículos da Bíblia. Significa terra, *humus*.

Ágape – Palavra grega para o amor "divino" e "incondicional". É o amor que se doa, o amor que se entrega.

Amalteia – Na Mitologia Grega, Amalteia está ligada à infância de Zeus como sendo a cabra que o amamentou quando sua mãe, Reia, o entregou aos cuidados de uma ninfa para que ele não fosse devorado ao nascer pelo seu pai, Cronos. Ao crescer, para provar sua gratidão, Zeus transformou Amalteia numa constelação celeste.

Anastasis – Palavra grega que qualifica a ação de levantar-se, erguer-se. Pode designar uma ressurreição ou mais especificamente a Ressurreição de Cristo.

Anthropos – Designa o ser humano, homem ou mulher, aquele que é conforme à natureza de Deus, ou seja, o verdadeiro ser humano do Cristo.

Baruch Goldstein (1956-1994) – Foi um extremista religioso judeu responsável pelo assassinato de 29 palestinos muçulmanos que rezavam na Caverna dos Patriarcas em Hebron, em 1994. Episódio conhecido como Massacre do Túmulo dos Patriarcas.

Bíblia Bayard – A primeira edição dessa nova tradução integral da Bíblia, publicada pela Éditions Bayard na França, surgiu em 2011, na qual, especialistas das línguas e dos textos bíblicos (hebraico, aramaico e grego) colaboraram durante mais de 6 anos com escritores contemporâneos para chegar a uma tradução completamente renovada dos textos bíblicos.

Bíblia de Jerusalém – É assim chamada por ser fruto de estudos feitos pela Escola Bíblica de Jerusalém (École Biblique de Jérusalem).

Cartuxa – A Ordem dos Cartuxos, também chamada de Ordem de São Bruno, é uma ordem religiosa cristã semieremítica de clausura monástica e de orientação puramente contemplativa, surgida no século XI.

Circe – Na Mitologia Grega, Circe era uma feiticeira; em outras versões, ela é apresentada como uma especialista em venenos e drogas ou como uma deusa ligada à feitiçaria. Circe é considerada a deusa da Lua Nova, do amor físico, da feitiçaria, encantamento, sonhos precognitivos, maldições, vinganças e magia. Em uma das passagens da *Odisseia* de Homero, é narrado o encontro do herói Ulisses com a feiticeira Circe.

Clemente de Alexandria – Tito Flávio Clemente, mais conhecido por Clemente de Alexandria (150-215), é considerado um dos primeiros Padres da Igreja. Em sua vida exerceu a função de apologista no combate e esclarecimento dos pontos conflitivos entre a filosofia grega e o cristianismo. Clemente via que a filosofia grega era boa e que, portanto, deveria ser derivada do próprio Deus. Para ele, embora tendo sido desenvolvida sob a égide do paganismo, a filosofia dos gregos antecipa e prepara o povo para a mensagem de Cristo. Segundo Clemente, antes de Jesus e do Novo Testamento, havia a Lei do Antigo Testamento e a Razão natural grega como instrumentos indiretos de Deus para guiar os homens.

Djihad – Dever religioso no seio do Islã. Em árabe, esse termo significa "abnegação", "esforço", "luta" ou "resistência"; frequentemente traduzido por "guerra santa".

Duíno – As *Elegias de Duíno*, obra escrita por Rainer Maria Rilke (1875-1926), constituem não só uma das mais importantes obras da literatura alemã da primeira metade do século XX, como também uma das poéticas mais significativas do nosso tempo. Rilke iniciou a obra em 1912 no Castelo de Duíno, e só as terminou dez anos depois, em 1922.

Élie Wiesel (1928-2016) – Foi um escritor judeu, sobrevivente dos campos de concentração nazistas. Recebeu o Prêmio Nobel da Paz de 1986 pelo conjunto da sua obra de 57 livros, dedicada a resgatar a memória do holocausto e a defender outros grupos que eram vítimas de perseguições.

Ênstase – Termo cunhado pelo filósofo, escritor e cientista das religiões Mircea Eliade (1907-1986) para designar um dos momentos capitais da meditação: um estado do não mental, de consciência pura, um estado superior de lucidez e percepção. Com esse neologismo, Eliade quis sublinhar a diferença conceitual desse estado em relação ao êxtase. Enquanto o êxtase supõe uma saída do sujeito para fora de si mesmo, o "ênstase", pelo contrário, traduz a experiência da percepção pura de si mesmo.

Fiat – "Faça-se" em latim; palavra de Maria dirigida ao Arcanjo Gabriel quando ele anunciou que ela seria a mãe do Messias: "*Fiat* – Faça-se em mim segundo a sua palavra".

Filactérios (ou Tefilin) – São um conjunto formado por duas caixinhas de couro, contendo pergaminhos com versos da Torá, amarradas a tiras de couro. O tefilin é usado durante as orações, sendo uma caixinha amarrada sobre a testa e a outra sobre o braço. Os cordões de couro são amarrados em volta do braço e da mão de maneira ritual, de modo a reproduzirem as letras do nome sagrado de Deus em hebraico.

Filocalia – "Amor à beleza". Essa beleza que se confunde com o bem. Esse nome também designa um livro clássico da literatura cristã ortodoxa, como uma coletânea de textos de autores diversos sobre a oração do coração.

Fin'amor – Esta expressão se refere ao amor cortês, um conceito europeu medieval de atitudes, mitos e etiqueta para enaltecer o amor e que gerou vários gêneros de literatura medieval, incluindo o romance.

Gregório de Nissa (330-394) – Teólogo, místico e escritor cristão, Padre da Igreja e irmão de Basílio Magno; faz parte, com este e com Gregório Nazianzo, dos assim denominados Padres Capadócios. Doutor da Igreja e um dos pioneiros no esforço de conciliar o cristianismo e a filosofia platônica, foi um dos pais da teologia mística.

Guematria – É o método hermenêutico de análise das palavras bíblicas em hebraico, atribuindo um valor numérico definido a cada letra. É conhecido como "numerologia judaica". A cada letra do alfabeto hebraico é atribuído um valor numérico; assim, uma palavra é o somatório dos valores das letras que a compõem. As escrituras são então explicadas pelo valor numérico das palavras.

Hassidismo – Foi um movimento judaico. Suas primeiras manifestações ocorreram no século II a.C. O termo *hassid* aparece no Livro dos Macabeus e no Talmud, e possui o significado de "piedoso". A história do hassidismo pode ser dividida em dois momentos de extrema importância: na Polônia no século XVIII e na Alemanha medieval. Um dos pontos significativos desse movimento que gerou interesse da comunidade judaica foi um novo conceito de devoção difundido por hábeis líderes religiosos. O *hassid* destacava-se pela serenidade, generosidade e ascetismo, e não pela erudição.

Hierodulas – Mulheres adstritas ao serviço de um templo grego. Em certas ocasiões, podia significar uma meretriz comprada para ser oferecida a Vênus em determinadas festas.

Hesicasmo – Palavra de origem grega derivada de *hesychia* – quietude, quieto, silêncio, paz –, é uma tradição de oração solitária praticada pelo hesicasta na Igreja Ortodoxa e em algumas Igrejas Orientais que seguem o rito bizantino.

Ileidade – Termo criado pelo filósofo Emmanuel Lévinas (1906-1995) que significa a ontologia do ele em si mesmo. É o respeito pela sua alteridade.

Ipseidade – Este termo vem do latim *ipseitas*, derivado de *ipse*: eu mesmo, tu mesmo etc. A ipseidade caracteriza o indivíduo em si mesmo.

Ketuvim – É a terceira e última divisão da Bíblia hebraica. O *Ketuvim* inclui livros poéticos (Salmos, Provérbios e Jó), o *Megillot* ou Rolos (Canção de Salomão, Ruth, Lamentações de Jeremias, Eclesiastes e Ester), profecias (Daniel) e história (Esdras, Neemias e Crônicas). Foram compostos durante um longo período; desde antes do exílio na Babilônia, entre os séculos VI a.C. a II a.C. e só foram considerados canônicos no século II d.C. *Ketuvim* também pode ser traduzido por "Outros Escritos" ou Livros Hagiográficos.

Mandrágora – Planta de propriedade alucinógena e originária da região mediterrânea, foi durante muito tempo considerada uma planta com virtudes sobrenaturais. Ela tinha a reputação de ser a mais perigosa e a mais poderosa das ervas mágicas, sendo a mais carregada de superstições.

Marguerite Porète – Mística e escritora francesa que viveu no século XIII, autora de *O espelho das almas simples*, obra representativa do cristianismo místico que versava sobre o trabalho do ágape (amor divino). Ela foi queimada por heresia em 1310 após um longo julgamento no qual se recusou a tirar seu livro de circulação ou rever suas opiniões.

Massoretas – Escribas judeus que se dedicaram a preservar e cuidar das escrituras que atualmente constituem o Antigo Testamento. Às vezes, o termo é usado para indicar comentadores hebraicos dos textos sagrados.

Midrash – Quando Moisés recebeu a Torá no Monte Sinai, ele recebeu a Torá escrita e também a Torá oral, que eram as explicações sobre a primeira, passadas de geração em geração de forma oral. Quando os judeus foram para o exílio temia-se que esse conhecimento se perdesse. Decidiram documentá-lo na forma escrita, resultando em duas obras: o *Midrash* e a *Mishná*. O *Midrash* é, assim, uma coletânea das histórias bíblicas que as escrituras escondem entre suas linhas, mas que podem ser encontradas por aqueles que sabem escutar a sabedoria milenar herdada dos antepassados.

Mistagogia – Esta palavra é de origem grega e composta por duas partes: *"mystes"* + *"agogia"* (*"eagein"*). *"Mystes"* vem de mistério e *"agogia"* significa "conduzir", "guiar". Podemos definir a palavra como a ação de guiar, conduzir para dentro do mistério. A mistagogia nos insere no mistério de Deus, que é o mistério da nossa própria vida e da história. É necessário que sejamos "iniciados" no mistério, não somente com palavras, mas principalmente através de ações simbólicas, através de ritos, pois são os ritos (as celebrações litúrgicas) que têm esta função mistagógica de nos conduzir para dentro do mistério.

Monte Athos – É uma montanha e uma península no norte da Grécia, também chamada de "a montanha sagrada". É um importante centro do monasticismo ortodoxo, onde se encontram, desde 1054, cerca de 20 mosteiros. Desde a época bizantina, o Monte Athos tem *status* de autonomia. O lugar é proibido às mulheres de todas as raças e às crianças; atualmente ali vivem cerca de 1.400 monges. É patrimônio mundial da Unesco, sendo considerado a capital espiritual do mundo cristão ortodoxo. É também considerado importante sítio artístico e cultural. Suas pinturas e afrescos influenciaram a história da arte ortodoxa.

Nathan André Chouraqui (1917-2007) – Advogado, escritor e estudioso franco-argelino de origem israelita. Traduziu a Bíblia diretamente do hebraico, mantendo-se fiel ao texto original, possibilitando àqueles que não conhecem o hebraico "sentir" o texto tal qual foi escrito. Tomou parte ativa em movimentos inter-religiosos, buscando a confraternização entre judeus, cristãos e muçulmanos.

Nicolau de Cusa (1401-1464) – Foi um cardeal da Igreja Católica Romana, um dos primeiros filósofos do humanismo renascentista e autor de inúmeras obras, sendo a principal, *Da douta ignorância*, publicada em 1440.

Niels Bohr (1885-1962) – Foi um físico dinamarquês cujo trabalho foi fundamental para a compreensão da estrutura dos átomos e da

Física Quântica. Ganhou o Prêmio Nobel de Física em 1922 por seu trabalho sobre a estrutura do átomo.

Noético – Pertencente ao âmbito do intelecto, da mente, que se define pela utilização da razão, racional, caracterizado pela atividade intelectual, pelo uso do intelecto. Referente à noese, ao ato de conhecer ou de pensar alguma coisa, proposta na fenomenologia pelo filósofo alemão Husserl. Estuda os fenômenos subjetivos da consciência, da mente, do espírito e da vida a partir do ponto de vista da ciência.

Non serviam – Termo latino que significa "eu não servirei". Frase atribuída ao diabo, que a teria dito a Deus, recusando-se à obediência divina.

Numinoso – Influenciado, inspirado pelas qualidades transcendentais da divindade. É um estado de espírito absolutamente único da pessoa que sente ou está consciente de alguma coisa misteriosa, terrível, aterrorizadora e sagrada.

Orígenes de Alexandria (185-254) – Foi um dos maiores teólogos e escritores do começo do cristianismo. Com ele iniciou-se o posterior constante diálogo entre a filosofia e a fé cristã e uma tentativa de fusão das duas.

Padres da Igreja – Chamamos de Padres da Igreja (Patrística) aqueles grandes homens da Igreja que viveram entre os séculos II e VII e que, de uma certa maneira, tanto no Oriente como no Ocidente, foram "Pais" da Igreja no sentido de firmarem os conceitos da fé cristã, enfrentarem muitas heresias e, de certa forma, serem responsáveis pelo que chamamos hoje de Tradição da Igreja.

Pneuma – Palavra em grego antigo que significa "respiração". Em contexto religioso significa "espírito" ou "alma". Princípio da natureza espiritual, considerado como um quinto elemento, sopro de vida, princípio de vida.

Qohelet – Mais conhecido como Eclesiastes, um dos livros mais famosos da Torá, a Bíblia Hebraica ou Antigo Testamento, é o nome da figura que enuncia alguns dos ensinamentos mais célebres do livro.

Sua identidade é, no entanto, desconhecida. "Qohelet" significa meramente "pregador" ou, por via etimológica, "aquele que reúne", no sentido de alguém que reúne e depois fala diante de uma assembleia. O Eclesiastes é comumente atribuído a Salomão.

Rabi Akiba (ou Akiva) ben Yosseph (ca. 50d.C-135d.C.) – É considerado um dos fundadores do judaísmo rabínico, além de ter sido uma importante personalidade política do seu tempo. Morreu como mártir por ter desafiado o poder romano.

Ruah – Na origem, a palavra significava "vento, sopro", mas ela também pode designar o ar calmo em torno de alguém. A tradução de *ruah* em grego é *pneuma*, espírito. O ser humano vive graças à respiração; quando perde seu sopro, ele perde sua vida. A *ruah* é esse espaço, esse ar vital.

Sainte Baume – É uma montanha que fica ao Sul da França. Segundo a lenda, Maria Madalena ali teria vivido numa gruta após ter deixado a Terra Santa depois da morte de Jesus. Para saber mais sobre o assunto, cf. LELOUP, J.-Y. *Maria Madalena na Montanha da Sainte Baume*. Ed. Vozes, 2014.

Scheol – Originalmente *Sheol* quer dizer "região dos mortos", mas não deve ser confundida com "purgatório" ou "inferno". Segundo o judaísmo, *Sheol* é o local de purificação espiritual ou punição para os mortos, um local o mais distante possível do céu.

Septuaginta – Em latim, é uma tradução em língua grega da Bíblia Hebraica, o Antigo Testamento, que a tradição diz ter sido feita no Egito por 70 sábios (daí o nome), cerca de dois séculos antes de Cristo, exatamente em Alexandria, onde existia uma significativa comunidade judaica.

Shabat – É o sétimo dia da semana, da sexta à noite ao sábado à noite. É um dos princípios fundamentais do judaísmo. O judeu cessa todos os seus trabalhos da semana ao aproximar-se a noite de sexta para se consagrar inteiramente a Deus durante esse período.

Shekinah – Presença gloriosa de Deus manifestada entre os seres humanos.

Sirácida (ou Eclesiástico) – É um dos livros deuterocanônicos da Bíblia, de composição atribuída a Jesus filho de Sirach (Jesus Ben Sirac ou Ben Sirá, ou, em grego, Sirácida).

Sod – Palavra hebraica, designa aquilo que é secreto, segredo. É associada à cabala, que é a explicação esotérica da Torá, o último nível de compreensão das escrituras, o sentido místico de um texto.

Stabat mater – Poema latino de 20 estrofes e 3 versos composto pelo frade franciscano Jacopone da Todi (1228-1306) no século XIII, excluído da liturgia durante o Concílio de Trento e reintegrado em 1727.

Targum – É o nome dado às traduções, paráfrases e comentários em aramaico da Bíblia Hebraica (Torá). Escritos e compilados em Israel e na Babilônia desde a época do Segundo Templo até a Idade Média, eram utilizados para facilitar o entendimento aos judeus que não falavam hebraico.

Teantrópico – Refere-se a Jesus Cristo, Ele é a única pessoa teantrópica, ou seja, divino e humano. O termo é formado pelas palavras "*theos*" (Deus) e "*anthropos*" (ser humano).

TEB – Sigla para "Tradução Ecumênica da Bíblia" (em francês TOB (Tradution Oecuménique de la Bible). Uma tradução ecumênica da Bíblia é uma tradução realizada em comum acordo entre exegetas de diferentes confissões, como os católicos, protestantes e ortodoxos. O projeto foi iniciado em 1963 por padres dominicanos, responsáveis pela Bíblia de Jerusalém.

Ugarit – No segundo milênio a.C., Ugarit era uma próspera cidade cosmopolita, situada na costa mediterrânea ao norte da Síria, onde eram cultuados vários deuses, entre eles El, a deidade suprema, chamado de pai dos deuses e do homem. Baal representava uma deidade forte e ambiciosa, frequentemente mencionado na Bíblia, e sua irmã e esposa, Anate, era a deusa do amor e da guerra.

Vulgata – É a tradução para o latim da Bíblia, feita no final do século IV e início do século V, por Jerônimo, a pedido do Bispo Dâmaso. O nome se deve à expressão latina "*vulgata editio*", isto é, "edição para o povo". A partir do Concílio de Trento até o Concílio Vaticano II essa tradução era a versão oficial da Bíblia.

Yah – Um dos nomes de Deus. Segundo o judaísmo, Deus possui 72 nomes diferentes, cada um indicando uma determinada qualidade divina. Por isso, segundo a tradição, existem também 72 maneiras diferentes de interpretar cada frase da Bíblia.

Yeshua – Forma hebraica do nome "Jesus".

YHWH – Re-transcrição das consoantes hebraicas *yod* (י), *he* (ה), *vav* (ו), *he* (ה), que formam o Tetragrama sagrado e impronunciável do Nome de Deus.

Yigal Amir – Nascido em 1970, é um militante judeu ortodoxo de extrema-direita condenado por assassinar o Primeiro-ministro de Israel, Yitzhak Rabin, em 1995, após o término de um comício em Tel Aviv.

Zohar – É uma coleção de comentários sobre a Torá, sendo o trabalho fundamental da literatura cabalista e do pensamento místico judaico. Tem como propósito guiar as pessoas que já alcançaram determinados níveis espirituais.

CULTURAL

Administração
Antropologia
Biografias
Comunicação
Dinâmicas e Jogos
Ecologia e Meio Ambiente
Educação e Pedagogia
Filosofia
História
Letras e Literatura
Obras de referência
Política
Psicologia
Saúde e Nutrição
Serviço Social e Trabalho
Sociologia

CATEQUÉTICO PASTORAL

Catequese
  Geral
  Crisma
  Primeira Eucaristia

  Pastoral
    Geral
    Sacramental
    Familiar
    Social
    Ensino Religioso Escolar

TEOLÓGICO ESPIRITUAL

Biografias
Devocionários
Espiritualidade e Mística
Espiritualidade Mariana
Franciscanismo
Autoconhecimento
Liturgia
Obras de referência
Sagrada Escritura e Livros Apócrifos

Teologia
  Bíblica
  Histórica
  Prática
  Sistemática

REVISTAS

Concilium
Estudos Bíblicos
Grande Sinal
REB (Revista Eclesiástica Brasileira)

VOZES NOBILIS

Uma linha editorial especial, com importantes autores, alto valor agregado e qualidade superior.

VOZES DE BOLSO

Obras clássicas de Ciências Humanas em formato de bolso.

PRODUTOS SAZONAIS

Folhinha do Sagrado Coração de Jesus
Calendário de mesa do Sagrado Coração de Jesus
Agenda do Sagrado Coração de Jesus
Almanaque Santo Antônio
Agendinha
Diário Vozes
Meditações para o dia a dia
Encontro diário com Deus
Guia Litúrgico

CADASTRE-SE
www.vozes.com.br

EDITORA VOZES LTDA.
Rua Frei Luís, 100 – Centro – Cep 25689-900 – Petrópolis, RJ
Tel.: (24) 2233-9000 – Fax: (24) 2231-4676 – E-mail: vendas@vozes.com.br

UNIDADES NO BRASIL: Belo Horizonte, MG – Brasília, DF – Campinas, SP – Cuiabá, MT
Curitiba, PR – Fortaleza, CE – Goiânia, GO – Juiz de Fora, MG
Manaus, AM – Petrópolis, RJ – Porto Alegre, RS – Recife, PE – Rio de Janeiro, RJ
Salvador, BA – São Paulo, SP